JN110864

神戸
「オーキッドコート」

アンドレ・プットマンとチャールズ・ムーアの
デスティネーション レジデンスホテル

山下智之
Yamashita Tomoyuki

風詠社

歴史を知らずして未来を語ることはできない。

これは、世界最高峰の高級レジデンス・コンドミニアムの物語である。

目　次

プロローグ　思い出の故郷

石が欠けた。

薄茶色の御影石、川の土手で小学校の夏休みの宿題に住吉川上流の景色をクレヨンで写生し、ふと見下ろした川の外側の斜面に見慣れないきれいなブルーの花を取りに行こうと崖を下りる途中、半分描きかけの絵を挟んだ画盤やクレヨンの箱が草に覆われ、どこまで続くかわからない深い地面目がけて落ちていった。

生臭い草いきれに引き込まれながら、その先に真っ黒な人間の頭蓋骨くらいの大きさの石の首に足をかけないよう、なぜか呪われぬようにと願いつつ、つかみ取ったこの辺りではよくある御影石の石造りの橋のような縁石に手をかけた途端、その石のとがったお椀の周りの縁のような部分が少し欠けたのをはっきりと見た。これ以上、下りてはいけない。

足下にはごろりとした真っ黒な石や、その向こうにはやはり黒光りしている手のような合掌しているこぶしのような物体も、不自然に埋まった地中から見え隠れしていた。

横に寝たお坊さんのお墓？　それとも、うわさに聞いていたここ久原邸に祭ってあったという仏像の類か？

とにかく小学生の私はこの時、これ以上落ちてはならずと、その欠けた御影石の岩造り、ちょうど子供の手の大きさにくぼんで指５本が両手ともかけられた橋のような細長い石の片側に、必死でしがみついていた。

神戸の東の端、当時は横屋と呼ばれた辺りを流れる住吉川は天井川といい、縄文時代からある山の上を川が流れている。周りの平野部はその小高い天井川の両方に下る急な坂道を下りるか、坂道のない荒れた草むらを下ろうとすると、子供では何かにつかまりながらはいずり下りることになる急な崖の裾に田んぼや住宅のある平野が広がっている。

六甲の山から流れ出る天井川の水は勢いを切らすことなく、１７基もあった水車を回していた。そして、その下流には清らかな水を使った造り酒屋の麹の香り漂う酒蔵が立ち並ぶ。現在の魚崎、住吉そして岡本界隈はそんな故郷だ。

兵庫県神戸市東灘区魚崎中町４丁目、現在は魚崎児童館と呼ばれるようになったかつての東灘市民病院の２階で、私は生まれた。

戦前、ここは病院ではなく、神戸市合併前の魚崎町役場だった場所で、この建物の３階にあった町長室に、私の祖父は魚崎町最後の町長として執務していた。

戦後、この建物が増築された際、空襲で高射砲の「打てー！」という射撃指示の時に祖父が振りかざしていた軍から支給された軍刀がブルドーザーに引っかかり、父に返還されたことがあった。

この児童館の目の前の魚崎小学校が１００周年を迎えた時、私は確か小学３年生としてこの学校に通っていた。

魚崎小学校発祥の地である兵庫県神戸市東灘区魚崎南町７丁目の覚浄寺（魚崎小学校は、この寺の寺子屋としてスタートした）に１００周年記念碑を建造したのも祖父で、その除幕式には祖父が「１００年を２００年の歴史につなげる」と宣言していた。

夏には、堤防から臭いのきついカートライト（銀色の円錐形の中に本当の炎をつけて夜釣りの手元や海面を照らす照明）を焚いて、太刀魚（タチウオ）を釣った。父が釣った太刀魚を堤防の後ろの壁に勢いよくたたきつけて針糸から切り離すのを尊敬の目で見ていたのは、や

魚崎小学校校庭内記念碑除幕式で挨拶する筆者の祖父、岩井義男（当時、財産区議長）。横向きに座り左から二番目で天を仰ぐように上を向いているのが元町長の山路さん、その隣には名前は忘れたが住吉村関係者も座っている。

はり男の子だったからであろう。

サビキというエビのような疑似針が何個もついた糸をすぐ近くに垂らし、撒き餌でおびき寄せたイワシの大群に入れ込めば何匹も同時に釣り上げていたのも心地よく体験した。

酒蔵を何軒か持っていた祖父や父は、毎年冬には杜氏という何やら神聖な職業の男衆を小生意気な児童だった私に紹介し、引き合わせたりもした。大人たちのからかいも、そのうち来る新年のお年玉が増えると思えば我慢もでき、付き合ったものだ。

そんな魚崎・住吉界隈で一番謎の広大な空き地、森、沼地が旧久原邸だった。ほとんどの歴史的な日本一の富豪村と呼ばれた邸宅群が住吉川の川向う、西側にありながら、この久原邸だけは住吉川の東側に広大な敷地を占めていた。長らく放置された土地は、夏にはセミの声が、冬にはカエルの声がけたたましく響くエリアで、一番下の沼地には大きな蛇が生息しているとかホタルの楽園があるなどと、聞かされていた。

魚崎の自宅に真っ白な蛇が現れた時、父や母が「久原さんとこから来たのかも」と言っていたのが妙に頭に残り、そこは聖域、行ってはならない場所という印象が強かった。それだけ、崇拝の対象がそこ旧久原邸には残っている。今風に言えば、地霊の強い地域とでもいうのだろうか。

魚崎の北、岡本地区には保久良神社というパワースポットがある。子供の頃、ここに上ってお弁当を食べることがよくあった。「かみなり岩」という大型の石の上で母の作ってくれた弁当を家族で食べたこともある。その岩が「しめ縄」を張った神聖な拝み所になったのは最近のことだ。成人して「カタカムナ」なるものの存在を知る頃には、そんなこともあっただろうなと思えるほど、この辺りは石器時代からの塚や古墳には事欠かない。

母から遡ること三代前の岩井友次郎も寄進石に名を刻んだ「素戔嗚神社（スサノオ神社）」は、その保久良神社のある金鳥山隣の天王山の中腹にあり、祖父からはその御神体はもと野寄地区の一角、旧久原邸の北東の鬼門角にあったものを山に祭ったと聞いても、それもまたそうだろうなと思えるほどにいろいろな神や地霊の話に慣れ親しみ、特にこの「旧久原邸」は一種の山の地霊からの飛び地、平野の霊山という感じで、入ってはいけないと感じるような場所だった。

現在、オーキッドコートの左峯館・右峯館の建つ辺りを底にして北の旧久原邸境界線や住吉川の土手まで急激に上っている地形が、ちょうど魚崎の浜から岡本（保久良山のもとにあるという意味の「丘の下」ということが、この地域の岡本という名称の語源とも言われている）、そして保久良山頂上の神社まで急激な坂道になっている村全体の地形と相似形をなしていることが、そういう山ノ下のもう一つの「岡本」であり、神聖な場所という印象を強くしていた。

それだけに誰にでも来る冒険心の塊となった小学男子の私は、入ってはいけないという理性を押しのけて、いや、そういう禁忌を感じているからなおさらに、ここ旧久原邸の土手に咲く一輪の珍しいブルーの花を取りに下りようとした。ほら、あの久原邸に咲いていた花だよ。母にそう言って渡したいと思ったのが間違いのもと、小学生は描きかけの絵も大事なクレヨンの箱もみんなその奈落の底に落としてしまい、自分の身だけは何とかその御影石の子供の手形のようなくぼみにつかまってやっと緑の深い土地の底に引き込まれずにいた。

この時の私は、５０年後、ここ旧久原邸に建てられた「オーキッドコート」という敷地１万坪、２０ｍの室内プールやゴルフレインジはもちろんのこと、住人専用の数十人収容できるラウンジ、それに6千坪の庭園を流れる小川や滝、池まであるというワールドクラスの高級レジデンスの１０階に住み、当時の沼に引き込まれるのではないかと恐怖から這いずり上ってきた自分のあの時と同じ小学生の２人の娘をこの地で子育てするなど想像することはなかった。

月日は流れ、この地に工事用の鉄壁が張られ、何台もの工事車両が作業し、壮麗なＳＲＣ鉄骨鉄筋コンクリートつくり、屋根は神社や皇居などと同じ銅板葺建物が建設された。建設されたのはただのマンションではない。敷地１万坪にたった１９７軒という贅沢なつくり。敷地内には湧水を利用した小川や池、そして裏側にガラスをはめた滝まであるホテルのような高級レジデンスである。

設計したのはチャールズ・ムーアというアメリカのポストモダニズムを代表する著名な建築家で、ビバリーヒルズ・シビックセンターやＵＣＬＡ大学のバークレーキャンパスなども手掛けたことでも知られている。その自然の風を感じさせる設計思想は、ここオーキッドコートでも生かされている。

庭園のコンセプトは、六甲の山並みから瀬戸内海そして世界の海に至る水の流れを再現し、オーキッドコートの世界に誇れるスーパーレジデンスの住環境を周りから支えるというものだ。

この設計コンセプトを最初に聞いた時、子供の頃に思った「久原さんの家の地形は岡本や魚崎全体の村の地形の縮小版のようなもの」という印象を思い出した。

今度は保久良山や岡本という小さな地域の相似形を超えて、そうか、ムーアは世界の相似形をここに表現しようとしたのかと、納得した。この土地は大昔から現在まで周りの地とは一線を画す境界で仕切られて独立した存在であり続けているのと同時に、世界の多くの場所と何かのつながりを独自のルートで持っている、そういうエネルギーの集まる場所のように思えてしょうがない。

元からある自然の地形を世界と共鳴させて利用したムーアの設計思想は、敷地内を歩くとはっきりと伝わってくる。「建築物の評価は、その建物や環境を人々が写真に撮りポストカードにするかどうかで決まるのだ」と言い切ったチャールズ・ムーアのゆがみのない流れを感じさせる設計は、今も人々を感動させる。

庭園だけではない、室内プール、ドライ・ウェットの両サウナルームに２種類のジャクジーを持ったウェルネスセンターやゴルフレインジ、滝も備え、これもフランスの著名デザイナーであるアンドレ・プットマンのデザインによる住人専用のクラブラウンジ「蘭倶楽部」など、２か所あるフロントには２４時間ホテリエの訓練を受けたスタッフが常駐、スタッフの最初の仕事は住人の顔を覚えることで、タクシーや運転手付きの車で帰宅した住人は、スタッフが「○○様、おかえりなさいませ」と名前を付けて声をかけられるのが当然と思って暮らしている。

この「現代の邸宅」と銘打たれた１万坪のオーキッドコートという異常なまでの高級大規模開発は、１人の男の執念から生まれた。まずは、その誕生の物語から見ていこう。

建設中のオーキッドコート。手前左は現地西岡本設計事務所、右下に久原邸時代の久原門の屋根と、その向こうの土蔵が見える。

1．江戸英雄の執念

「そうか、３千坪もただでくれるんか。ほな、まあしょうがないなあ。そやけど結局、三井は『よそもん』のままやったなあ……」

およそ２０年前、三井不動産が計画していた７棟の建設をやめて、現在ある４棟だけで開発を中断し、住民へのお詫び補償として開発予定で持っていた約３千坪の土地を住人に無償で譲渡するという取り決めが行われた時、久しぶりに電話した伯父の岩井寛次は８０歳という年齢を感じさせない声色だが、ここ魚崎村や住吉村で繰り返される「よそもん」の過去の事件をつくづく思い出すような一種軽蔑した感情を隠そうともせず、言い放った。

私の母の兄である岩井の伯父は、日商岩井（今の双日）の創業者である岩井勝次郎から数えて４代目、神戸市合併当時の魚崎町町長であった祖父、岩井義男の嫡男として、ここ魚崎・横屋・野寄地区の財産区を引き継ぎ、神戸で創業した川崎重工や創業時に最初のマンションを芦屋浜で建設して以来の付き合いである長谷川工務店らと当時、野寄（のより）と呼ばれ、現在は西岡本と呼ばれる地区に１万坪のオーキッドコート開発計画に協力した一員でもあった。川重さん、長谷工さんと親しみを込めて呼ばれる地域の企業体と、何代も続く岩井の血がこのオーキッドコートを誕生させたと言ってもいい。

川重さんも長谷工さんも魚崎や住吉界隈では門中のうち、親戚付き合いである。その中に三井不動産という「よそもん」を入れたことを、今さらながらに後悔しても始まらないのはわかっていた。それでも伯父が続けるように言い放った「これがなあ、野村さんや住友さんやったらこんな大損してまで出ていくようなことにはならんかったやろうになあ、こんなにタダでもろうて、ええんやろかなあ……」という言葉に、三井不動産への同情を禁じえなかった。

野村グループの創業家である野村徳七も、住友創業家の本家・分家ともこの住吉魚崎村に邸宅を持ち、それこそ何代にもわたるお付き合いである。巨大グループになっても彼らは創業家の邸宅跡地を地域住民のため、美術館や大規模マンション、それに公園など地域に根差した開発や建築をしてきている。彼らなら「観音林倶楽部」の仲間であったこの西岡本のマンション開発を、こうもあっさりと住人に無償で引き渡して打ち切るような真似はしなかったであろう。最後まで、三井グループはここ魚崎・住吉村界隈で「三井さん」と呼ばれることはなかった。

三井の創業家は三重県松坂、そして発展の歴史は東京日本橋の三越から始まった。その三越が世にいう「三越事件」の舞台となってしまったのは、１９８２年。伯父も私も、その事件についてよく覚えていた。

久原邸という芙容グループの創業者、久原房之助の大邸宅であった神戸市東灘区西岡本のＪＲ沿いの約１万坪強（35,586.18㎡）の土地。この開発計画が持ち上がったのは、その三越事件が起こる２年前、東京ディズニーランドの計画が持ち上がった時期と一致している。

偶然ではない。１９８０年に三井不動産中興の祖、江戸英雄（当時会長）が旗振りをしたディズニーランドの骨格となるオリエンタルランドへの融資が三井グループと関西の雄、松下幸之助によって実際に動き始めた頃、この久原邸跡地の売却話を幸之助から聞きつけた江戸会長は、関西でも本格的な三井不動産進出の象徴的な物件として検討を始めたという経緯がある。

なぜ、江戸が三井不動産の象徴的な開発計画をこの関西の魚崎・住吉村の邸宅跡地に計画したかの？ なぜ、通常一般的なマンション開発でなく、オーキッドコートという異常なまでの高級志向の開発に踏み切ったのか？ 伯父から聞かされた話からは、江戸さんらしい経営者としての過剰なまでの自己顕示欲が見て取れる。

原因は太陽神戸銀行である。１９９０年、実質的には神戸の地方銀行の救済合併という意味合いがあったにもかかわらず、外見上は太陽神戸銀行と三井銀行の対等合併の形を取った新銀行の誕生は、二木会などで、三井グループの結束を図ろうとしていた江戸にとって、屈辱の合併である。当時の公式なコメントとして江戸は、合併銀行に「三井という名前は残してほしい」という強力なリーダーシップの経営者としては珍しく、へりくだったコメントを残している。

ちょうどこの頃、社会人としての第一歩を金融機関で歩み始めていた私は、この合併劇が地元神戸の経済界の主導で強行されていく過程を見ることができた。キーパーソンは松下康雄。もとはと言えば、神戸の弁護士の息子、大蔵省事務次官を経験したのち、地元神戸の太陽神戸銀行に天下る。大蔵省事務次官が地方銀行に降りてくる。これは多分この松下氏を除いていないのではないかとよく言われるが、関西の財閥系の企業について言えばよくある、というか多くの関西企業人が一種憧れを持って画策する部類の話である。

東京、中央官僚の引き抜き。最後の魚崎町長やこのオーキッドコート敷地内に一部の飛び地を所有していた祖父の岩井義男も、もとはと言えば自治省の役人であり、警察官僚であったところ岩井家の祖母である岩井かつに養子縁組して町長、神港信用金庫（現在の日新信用金庫）総代などを歴任した。

大蔵次官という最高の勲章を持って太陽神戸銀行にやって来た松下康雄にとって、日常の業務など関心はなかったに違いない。１９８６年の彼の頭取就任後３年のうちに、三井銀行との合併が成立する。松下頭取の誕生はこのためだったと言ってもいいだろう。中央から見れば地方銀行の再編・救済だが、地元神戸経済界からすれば、これは神戸の松下さんが三井という東京財閥の中心的銀行を飲み込んでくれたという高揚感を持って迎えられた事件であった。

祖父の岩井義男も、自治省役人から岩井家に婿養子に入った後、戦後にはさっさと魚崎町や住吉村の神戸市への編入合併を推進し、横浜市や名古屋市と肩を並べる政令指定都市に最初の時期から指定されるなど、神戸市が都市圏としての重みを増していく基礎を築いた。大昔には東灘区灘区をまとめた「灘市」という案もあったそうだが、祖父はそんな小さな市では横浜に対抗できないと考え、日本の主要貿易港都市は神戸にという強い信念で、現在の東灘区までを編入した政令指定都市神戸を誕生させた。祖父はよく、地方が生き残るには寄り合うしかない、ということを言っていたが、この太陽神戸三井銀行の誕生もその流れと同じものとして地元では受け止められていた。

江戸は当時、三井不動産会長・日本不動産協会会長として二木会の主導的立場で、財閥三井グループの再結束に腐心していた。大規模な不動産開発事案には大手企業の結束と協力が必要というのが、江戸の持論である。オーキッドコートの竣工に先立つこと４年、１９８７年に竣工した広尾ガーデンヒルズは、このディズニーランド構想の始まりである１９８０年に計画がほぼ出来上がり、この成功体験が江戸をしてグループ結束の重要性を認識させたと言っても過言ではないだろう。江戸は「関西にも広尾ガーデンヒルズ級の開発を行いたい」と考えた。東京を基盤とする三井不動産にとって関西経済圏は「よそさま」の領域。そこにくさびを打ち込んで、三井不動産の存在感を出したいというのが江戸会長の目論見だった。つまり、太陽神戸三井銀行の本拠地神戸に、三井不動産が日本で唯一無二の高級レジデンスを開発する。銀行は取られたが、自身の得意分野である不動産事業ではヘゲモニーを渡さない。その一心だった。

関西への進出の機会をうかがうという底流に流れた目論見に火をつけたのが、先述した神戸出身の高級官僚、松下による三井銀行の合併であった。「三井の名は残してほしい」こうひねり出すように会見した江戸にとって、合併からたった２年後の１９９２年にさくら銀行などという江戸から見たらふざけた名前に変更された「我が」三井銀行を見て、関西財界への意趣返しに、神戸の地それも東灘区の魚崎・住吉地区での大規模開発は願ってもない話であった。中央では松下元大蔵省事務次官への配慮から、この名前などを含め「救済合併」という色合いが封印され、神戸財界の思惑通り三井と太陽神戸の「対等合併」が１９８６年の松下頭取就任以来の既定路線だった（オーキッドの設計が始まったのは１９８８年）。

三井銀行の復活がすぐにできないなら、三井不動産で関西経済圏の中枢を握りたい。このオーキッドコート、久原邸の跡地が、太陽神戸銀行の創業家である岡崎さんの邸宅のあった岡本地区に隣接しているのも、江戸の心に火をつけたのは間違いない。

そして、「さくら銀行」誕生の年１９９２年に完成したオーキッドコートは、当時最低でも３億円のマンションとして売りに出された。マンションにしては珍しい吹き抜け階段を専有部に設けてメゾネット・２階建ての部屋も多くあり、１階の庭を見渡す応接用の小部屋をエキストラルームとして専有部の一部として販売した部屋もあった。あるいは、７ＬＤＫという中くらいのサイズの部屋の中には、マンションにしては珍しい入口が別の「離れ」を持った部屋もある。上層階の中庭（パティオ）を通って離れの二間続き、そこには小型のキッチンやトイレも完備し、ゲストルームや高齢の両親などと程よい距離感で同居できるというコンセプトである。最も高価な部屋は２階建てのメゾネットで、定価が１４億円である。

平均して７億円前後の部屋は、神戸ポートピアホテルで大々的に抽選会をするまでに購入希望者が列をなしていた。江戸の目論見通り、神戸財界、いや大阪圏も含む関西財界の主たるメンバーがこのオーキッドコートに集結した。三井不動産は、共同開発者の川崎重工や長谷工それに三井物産と並んで、オーキッドによって関西経済界の中で存在感を存分に発揮した。

当時、竣工間際のオーキッドコートに列をなした関西財界人の間で語り継がれているエピソードがある。ある旧財閥系の個人企業オーナーがいつも使っている小型の営業車でオーキッド販売事務所（近くの旧住友家跡地にあった）を訪れ販売パンフレットを要求したところ、慇懃無礼にパンフレットさえもらえなかったという逸話である。腹を立てたそのオーナーが今度は自分専用の外国車で運転手をつけて乗り込んだところ、すんなりとパンフレットを渡してくれたという顛末だ。また、旧住友家跡地の販売事務所がオーキッドの店舗施設部分に移転した時、同じオーナーが新しい事務所を訪れて購入契約をしようとしたところ、改めて信用情報の確認を求められたという。

これを聞いて、ほとんどの関西財界人が思うのは、三井不動産は関西に東京のやり方を持ち込んだということである。東京ではその場しのぎの「恰好」が大事。関西財界は狭く、それこそお互いに顔を知り何代にもわたる関係があれば、いちいち人物の値踏みなどはしないものだ。

ぼろぼろの古い車に泥をつけながら、それでもドーチェスターホテルやハイドパークホテルに乗り着ける。車から降りてきた人物も、まるで農作業の途中に寄ったかのようなラフな服装。古くからの友人、イギリスのロード・アイヴァ・スペンサー・チャーチルもそんなジェントルマンであったが、高級ホテルのドアマンはニコニコと笑いながら「グッドモーニング ロード・チャーチル」と言いながらドアを開けてくれる。恰好や書類を必要とするのは名前や顔が知られていない証拠であり、こうした本物の下で働くエリートという印象が強い。関西人の中にはこういう感覚・ＤＮＡがある。

三井はそんな関西人の気質を理解せず、この１万坪平均単価７億円というプロジェクトに臨んでしまった。「よそもん」のやり方でうまくいくはずもなく、結局は予定した全７棟のうち４棟が完成した段階でしっぽを巻いて撤退することになった。バブル崩壊ということもあったであろうが、そんな苦しい時ほど関西経済界はお互いに支え合い、乗り切る方策を考えるものである。当時、購入した最初のオーナーで現在でも居住されている方が数多くいらっしゃる。この居住者の底力こそ関西経済界の本領でありオーキッドの価値であるのに、三井は最後までそれを理解できなかった。

もしも、三井不動産が関西人のジェントルマン気質を理解していたなら、バブル崩壊などという一過性の単なる経済現象に惑わされることなく、計画された全７棟をこともなく完成し、いくらでも完売できたであろう。方法？ そんなのは簡単だと思う。竣工時に買ってくださった古いオーナーの方々にいっそう集中的にサービスし、いろいろな話をしながら、自分の苦しい状況を正直に説明すればいい。そうやって本当の地域の「三井さん」になれば、追加で１００軒くらいの分譲マンションの販売などわけもなく完了したことだろう。

しかしながら、残念なことに出発時点から東京風のお上りさん・成り上がり文化しか移植できなかった三井不動産は、ここ神戸の魚崎・住吉村での自分の立ち位置を完成させることなく、撤退を決めていくことになる。撤退を決める頃、三井不動産も江戸英雄というカリスマ経営者から坪井東（はじめ）、そして田中順一郎という３人目の経営者に代わっていた。

坪井は江戸の意思を忠実に継いで、三井不動産の拡大路線を驀進した。もしこの坪井社長・会長が長く続いていたら、江戸の言う関西に三井の足跡をというオーキッドコートのテーマは、ひょっとしたらバブル崩壊であっても引き継がれたかもしれない。

しかし、オーキッド竣工後間もない１９９６年（竣工４年後）７月に、突如この坪井会長が急逝する。親分の江戸も翌年１９９７年には確か亡くなっているはずだ。この２人の三井拡大路線の戦士たちの遺失によって、最初の思惑であった関西経済界に三井不動産の存在感を示すという長期的利益追求の思惑・目標はすっかり葬り去られ、目先の短期的な利益計算から、残された命題は「どのようにして撤退するか」に移っていった。

三井は東京のやり方で参入し、苦しい時の関西での生き延び方を理解しないまま、「三井さん」と呼ばれることなくして撤退を決意した。本家も何もない、言ってみれば企業遺伝子のない三井が、このままいつまで続くかわからなかったバブル崩壊の中で、自分たちの「おのぼりさん文化」と毛色の違う神戸魚崎・住吉村に、これ以上資金や人的資源を投入する選択肢などなかったのであろう。確かに「よそもん」のままでは、きつい戦いである。

このオーキッド事業の転換点である１９９６年夏の坪井会長事故死の時、私はそのすぐそばにいた。虎ノ門ホテル・オークラ、当時参議院議員だったテリーこと寺澤芳男議員と新館側レストラン・カメリアで朝食ミーティングをしていた。寺澤議員も毎朝このオークラのプールでひと泳ぎされてから、いつもカメリアに来る。そして、静かに近づいて来た支配人が私と寺澤先生に耳打ちしたのが、坪井さんがプールで倒れたということだった。最初は、単なる発作でしばらくすれば落ち着くだろうと皆が思っていたが、テリー議員と親しく毎朝のスイミングを日課とした坪井は、救急車で運ばれたまま帰らぬ人になってしまった。

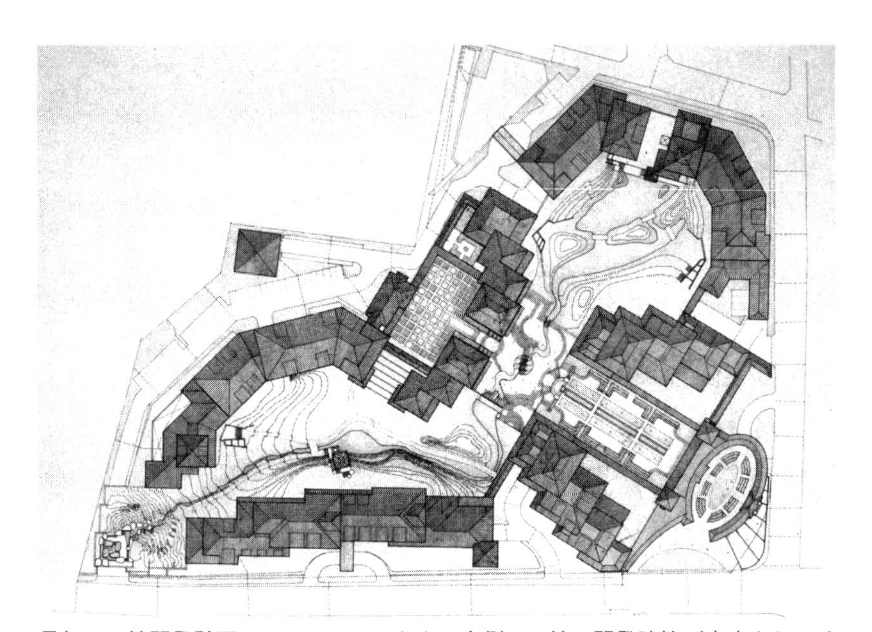

最初の７棟開発計画トレース。このうち、左側の３棟の開発建築が中止され、その敷地約３３００坪が住人に無償で譲渡された。このため、現在のオーキッドコート１９７戸の所有者は全部で約１万坪以上の土地の所有権を分け合う形になり、平均して一戸当たり約５０坪の土地を持ち、マンションの専有面積の８割以上の敷地権を持つという一戸建て並みの土地権利を持っている。

最初の開発許可は１９８９年１２月２８日に許可番号３１５３号、３６,８６１.８３㎡、第6工区までの案として許可されている。この許可申請には、三井不動産代表取締役の田中順一郎、長谷工コーポレーション代表取締役の合田耕平、川崎重工代表取締役の大庭浩、三井物産代表取締役の江尻宏一郎、計４名の名が記されている。

その後、３年後の１９９２年2月１３日には第６０８号の開発変更許可で開発区域の変更が、１９９６年3月１８日には続いて開発工区の変更、最後の１９９８年1月１０日には最後の開発許可変更３１５３号で、最終的に最初の計画７棟の開発から４棟だけの開発変更に許可が下りている。

坪井の急逝後、三井不動産の実質的なかじ取りは、すでに１９８７年のバブル絶頂期に社長に就任していた田中順一郎に完全に移行する。田中は、江戸・坪井の拡大路線から縮小路線への転換を強いられた社長である。後ろ盾であった坪井と江戸を相次いで失った田中は、この１９９６年以降、オーキッドを撤退すべき事業と位置付けていた。

ここにオーキッド竣工時の建設確認書類がある。この確認書には、皮肉なことにこの撤退を決めた田中順一郎社長の名前がある。三井不動産は竣工とほぼ同時に撤退を決めたということがうかがえる。

一方で、カリスマ経営者、江戸の心に火をつけた「三井銀行」は、２００１年にさくら銀行と住友銀行が合併し、三井住友銀行という名前になり、ようやっと江戸の死後、その執念が実った。我が「三井銀行」が戻ってきたのである。一旦は神戸財界に乗っ取られた三井銀行が名実ともにグループに戻ってきた頃、三井不動産はこのオーキッドコートからの撤退を決めた。

まるで、人質だった三井銀行が解放されるのを見て、オーキッドからの完全撤退を決意したかのように、２００４年、「よそもん」の三井不動産は住人に開発予定だった土地約３３００坪を無償で譲渡して、オーキッドから逃げるようにいなくなった。

2．久原房之助の意地

久原房之助が開いた久原邸跡地に、オーキッドコートはある。しかし、昔の久原邸を知る人間にとって、この１万坪のオーキッドコートの敷地は、それでも久原邸全体をカバーしているわけではないと感じる。それほど久原さんの家は大きかった。

実際、昔の久原さんの敷地は、北は阪急電車の線路下、そこから２本目のいわゆる「水道筋」（ものすごく細い車は通れないような小道）が敷地内の平野部と河川部を分ける形で走っていて、その東の口と野寄公園（墓地を含む）の西の道路を北に上った出会いがしらの場所に、久原さんの通用門である裏門があった。

敷地は本山親子公園からまだ北に上り、東灘低層配水場という上水道の丸いタンクも含め、そのまだ北側の「みな塚地蔵尊」まで続く。ちょうどこのみな塚地蔵さんが三角地で、住吉川に久原さんの土地が合流するようになっていた。実は、久原さんはこの住吉川の隣接地であった自分の敷地を広げるために、住吉川の一部を土砂で埋め立ててしまったという話も聞いたことがある。

マップで見ると、この地蔵尊から一直線に野依公園の横を通り、パークスクエアというマンションの西側のやたら広い道路に接続して、その広い内側の道路が東へ向かう方向にカーブするのがわかるが、このカーブも久原さんの家の境界がそのまま残ったものだ。そしてその道路が今のオーキッドの東の境界にあたる道路にぶつかるが、それがそのまま久原さんの敷地の東の端だった。つまり久原邸は川に沿って南北に細長い敷地だったが、オーキッドはその南側の幅の広い部分が切り取られた形で久原邸を引き継いでいるのがわかる。

久原邸の南側は実は川沿いの東灘病院まで続いていたと聞くが、私が物心ついた時に国道２号線やＪＲ（昔の省線電車）は出来ていて、そのような南まで含んだ久原邸を見たことはない。今のオーキッドの南側の石垣や駐車場出口が当時からＪＲの線路に接して、もうすでに久原さんの境界だった。

余談になるが、日本で一番古いゴルフ場は神戸ゴルフ倶楽部で六甲山の上にあるが、日本で二番目に作られたゴルフ場がこの久原さんの敷地の南のほうに広がっていたと聞いたことがある。横屋ゴルフ・アソシエーションといい、神戸旧居留地の外国人たちが出入りする９ホールのゴルフ場だったという。今、その面影はどこを探してもないし、ネットでも情報がなく、この話は祖父、岩井義男の冗談だったのだろうかと今も不思議な感じで思い出すことがある。

２０２２年に７０周年を迎えた芦屋カンツリー倶楽部はこの流れで、横屋ゴルフ・アソシエーションを山に持っていたところで出来たとも聞いた。本当は芦屋寄りでなくもっと住吉川寄り、私たち魚崎生まれの子供にとっては懐かしい響きのお多福山や荒神山そして悟助ダム近隣に作る予定だったが、あまりに山が険しくて、造成するうちにだんだんと芦屋寄りになったと聞く。芦屋の人たちから見れば、逆にもっと芦屋市街地に近いほうにゴルフ場を計画したが、芦有道路の開設時に現在の場所を発見して、本山村から敷地を買い取ったということになっている。

どちらにしろ、岡本・本山村（どちらも横屋・野寄地区）の入会地がなければ現在の芦屋カンツリー倶楽部は出来ていなかった。私の想像だが、両方の地域の思惑が一致したことが、この険しい山の中にゴルフ場を開発する原動力になったのだろうと思う。

祖父も祖父の前に魚崎町長だった山路さんも、この芦屋カンツリー倶楽部では最初の頃、開発に関わった。私が父の相続で入会の面接を受けた時には、当時の稲鍵理事長から「ああ、岩井さんの、あの山路さんの後の町長ですよね」と、こちらが何も言わないのにそう言われた時には、もうとっくに亡くなってはいたが、古い祖父の家に帰った気がしたものだ。

この辺り住吉川はそれほど険しい山からの急流であったと聞くが、久原邸の北のほうは先に水道局の建物になっていくのに、なぜ南の敷地、現在のオーキッドの辺りは手つかずで残ったのか。それは、久原さんが住吉川から冷水を引く水道のようなものを自分で作っていたからだと聞いた。

高低差の激しい水流で、この辺りにもいくつもの水車があって今でも住宅地の中（例えば白鶴美術館南の筋を御影方向に行ったところなどに）に残っているが、当時もこの水流を利用して水車だけでなく冷水や冷房として利用しようとしたらしい。

先のみな塚地蔵の場所を見てほしい。そこから住吉川が急に細くなっているのがわかると思う。この川のみな塚地蔵側に水の取り込み口を作れば、勢いはそのまま久原邸オーキッドのほうまで引いてくることができるのが現在の地図でもわかる。だが、ここは多分、流れている川の水の引き込みだけであったように思う。そのまた上流、ちょうど白鶴美術館の対岸側に、今でも怪しい黒い穴が川に向かって開いているし、地図で見てもこの部分は不自然に島か半島のように川に飛び出している。これを見ると、ああ、久原さんやっちゃったなあと思う。

昔のこの界隈は、うっそうとした森というか怪しい河川敷が続いていて、久原邸のあった時代には多分いくらでも勝手に川を削ったり、逆に川に向かって構築物を作ったりできたのだと思う。で、この美術館前の岩つくり半島を作って、ここから地下水脈か地下に川の流れの勢いで発生する空気流を取り込んだに違いない。一方、そのすぐ下流の自分の敷地内では、みな塚地蔵のところから水を引いて自分の生活用水を確保したのではないかと思う。

川の流れの激しい場所ですぐそばに立ってみると、水しぶきと同時に冷たい風が常時吹き付ける。あの風を、ここ白鶴美術館前の洞窟のような穴から取り込んで（川の流れが当時はほぼ直角に曲がっていたのが今の地図でもわかると思う。その曲がった正面、水流のぶつかる岩肌に空洞を作ればそうした冷風は取り込める）、地下を通じて自分の邸宅に引いたのだろう。オーキッドコートの敷地内にある滝のそばに立つと、夏でも涼しい風が滝の水しぶきと一緒に心地よく吹き付けてくれるが、そういう冷風を住吉川から取り込んだと思う。

一方、生活用水の取り込み口、みな塚地蔵は多分、久原さんが作ったのだろう。「みな」とは、水源（みなもと）のことだと思う。みなもと塚では長いから、みな塚としたように思えてしょうがない。

冷風の取り込み口や水道の取水口までを作ってしまった久原さんは、もともと鉱山事業で成功した人だから、こういう山を削りトンネルを掘削することは得意というか、大好きだったに違いない。このオーキッドコートの土地の歴史遺伝子は、この久原さんの邸宅になったことでますますはっきりとしてきたと思う。もともとは横屋ゴルフ場と山を結ぶ細長い河川敷のような場所だったものを彼が買ったのも、削れば価値は倍増することからうなずける気がする。

久原さんは、この地域ではどちらかというと新参者だった。魚崎・住吉村でその中心だった観音林倶楽部（今の住吉学園から反高橋（たんたか）の辺りまで）の敷地に近いほうが邸宅として価値があり、威厳があったところ。そのすぐ横の土地はすでに住友本家や村山さん、そして川沿いは加納さんらが買ってしまっていた。だから、後から来た久原さんは住吉川の川向こうの東側を購入した。で、鉱山の技術もあり、山や地面を加工するのが大好きだった久原さんは、他の人にはできない冷風のトンネルや取水口を作って邸宅に引き込んだり、わざわざ自分のお金で「久原橋」まで作って、観音林クラブとは目と鼻の先でしかも最先端の技術で他と違った邸宅の設備を備えているものを作ろうとしたに違いない。

この感覚は、ソフトバンクの孫さんに似ている。孫さんが会社を上場させて最初に買った家が、飯倉そばの眺めのいい麻布永坂の参議院副議長公邸の上にある。その場所は、彼の憧れてしょうがないアメリカの日本における一番の社交場「アメリカンクラブ」に近い。孫さんのその家から見た眺めは、アメリカンクラブの庭から見た風景とそっくりなのをいつも感じていた。で、彼はＩＴ関係の技術が大好きで、自宅の庭を流れる小川の水流をスイッチ１つで調整したり、地下に作ったシュミレーションゴルフの装置は特注で、自然の雨や風、あるいはプレーするゴルフ場の地面のアンジュレーションまで変化させるものだった。

１つのタブレットで家全体のコントロールができるのを自慢してもいたし、極めつけは、小川の水温まで調整できると自慢していた。施工した鹿島建設に水温調整を依頼したら、そんなの氷を入れて冷やせばいいじゃないですかって言われ、とんでもないと言って地下に水温調整の冷温水機を付けさせたんだ、と何度も自慢された。それを聞いて、神戸っ子の私は「久原さんとおんなじだあ」とつくづく思ったものだ。久原邸には、そういう新参者の自慢となるような仕掛けや技術が詰まっていたと思う。これはその土地の由来、そして歴史がそうさせたに違いない。

久原さんが買う前のこの辺りの土地のほとんどは、村の入会地だった。特にオーキッドのある南のほうは、その地面に六甲特有の硬い岩盤があり、その上に堆積した流出残土で池が出来ていた。昔はそういう農業や生活のための灌漑用水池で、当然、村の共有財産だった。河川敷のゴルフ場の北側に貯水池を持ち、その池の山側には急激に上ったところに、高台の少しの平地とあとは地形のわからない原野が川沿いに広がっている、そんな土地だった。

久原さんがこの池の部分と上流の原野に目を付けたのは、先の孫さん同様、観音林倶楽部とすぐ近い位置にあり、倶楽部と同じ眺めが確保できて、自分で橋を造ってしまえば西側の村山さんのところ以上に倶楽部に近い東の隣接地になると考えたのも理解できる。そして、新参者だけに単なる邸宅では気が済まず、トンネルを掘り池も作り（というか元あった池を利用して）、そこに川の水も引き込んで、独自の世界を作って近隣のすでに邸宅を持っている他の方々に対抗しようとしたのではないかと思う。

久原邸に残る伝説で、敷地内にフラミンゴやクジャク、象までいたという話がある。個人的にはフラミンゴくらい、そしてクジャクくらいはごろごろいたと思う。フラミンゴという時点で、池を前提にした動物の飼育を想像させるし、象までは疑問だが、馬なんかはいたと思う。では、なぜ邸宅の写真は残っているのに、そうした動物の写真は残っていないのか。多分、池の周り邸宅の建物の南側で低くくぼんだ場所に動物たちが勝手に生息していたんじゃないかと思う。だから、うっそうとした池の周りの原野の土地は残されたまま、池の中や池の周りに珍しい動物たちがうろうろしていたのだろう。この情景に今一番近いのは元の弘世さんの邸宅跡地で、「蘇州園」というレストランになっている場所の庭だろう。レストランの窓や扉から見える庭はうっそうとしていて、ほとんど近いところしか見えない。その原野の向こうに動物がいても、そうは簡単に写真に収めることはできない情景がある。こんな風に、森に動物が潜んでいるという感じだったから写真にはそういう珍しいものは残っていないのだと思う。

もう１つ、伝説には子供用の機関車が走っていたとか。これは多分北のほうの高台の邸宅の周りの平坦な芝生の庭にしつらえらえていたが、必要に応じて作っただけで、ずっと長く何かに使っていたわけではないからだろう。だから、同時に回転木馬伝説や遊園地伝説も残るが、これらは客が来る時とか子供のために、例えば誕生日の余興でしつらえたもので用が済めば撤去していたのだと思う。

そのような余興の設備を作れる場所が、北のほうの高台の敷地で、久原邸の母屋があった場所だ。その辺りは川の土手も高くなく、大人２人くらいの高さで、すぐに平坦な地に下りることができたと記憶している。そこで、水道の引き込み線や地下のトンネルがあったことから、この北のもっと上、つまり山手幹線道路の北側は早いうちから水道局の施設として整備され、今に至っている。実は山手幹線を挟んだ南側の公園の地下にも水道の貯水施設があり、この公園はその地下貯水施設の上に盛り上げて作られた。だから、細い小道を挟んだオーキッドの敷地から見ると、その公園は少し地面が上がっているように見えるのだ。

この辺りは灘五郷の清らかな水の供給拠点であり、みなもとの塚というのは大昔から神聖な場所だったと思える。実はこのみな塚地蔵だけでなく、久原さんが作ったと思える他の多くのお地蔵さんが、オーキッドの敷地のすぐ北東の角にある調整公園に今も祭ってある。

川重さんの社宅建設の時に、開発許可の条件で神戸市に寄贈し一般に開放された公園があるが、その公園の中にお地蔵さんやら仏像やら大きいのが２体、小さいのが４体ある。大昔から思っているが、この大きいほうの向かって右、一番大きな仏像（？）は、久原さん本人の像だと思う。写真で見た顔や体形が似ているからだ。向かって左側の像は、なんとなくであるが久原さんのお母様ではないか？ 奥様にしては華美さがない。間に置かれたお地蔵さんは多分、久原邸になる前からそこかしこにあったお地蔵さんだろう。それを集めてこういう形で久原邸の建物の南側、ジャングルになる庭園との境に置いていたと思う。私が久原さんの荒れ果てた庭にずり落ちそうになった時、足の下に見えた黒い塊は、このお地蔵さんや久原尊像の一部だったと思う。

ところで、三井不動産がこのオーキッドコートの開発をした時にも間違いなくお地蔵さんの１つや２つは掘り返して出てきたであろうが、そのうちのいくつかがこの川重さんの社宅横の公園に持っていかれたと聞く。だから、実際この６体の仏像のうち、どれが川重さんの敷地で出て、どれがオーキッドの敷地で出たものかははっきりしない。

しかし、小さなお地蔵さんの２個くらいと久原さん尊像の１つは多分、オーキッドのほうだったと思う。なぜなら川重さんの敷地は当時通用門に続く通路になっていて、そんな重要な仏像などを置いているような雰囲気がなかったからだ。多分、小さなものがまず社宅の敷地から工事中に出てきて祭ったところ、大きなのがオーキッド側から出たと思う。オーキッドについては庭園構造図（チャールズ・ムーアやアンドレ・プットマン、どちらが設計したのかは後の記述に譲る）があるくらい庭の配置が決まってしまっていたので、出土したお地蔵さんなどとまとめて川重さんのほうの敷地に祭ったに違いない。

この６つの地蔵尊像があるから、オーキッドは奇跡的に１万坪強の土地を分割することなく、ほとんど唯一これだけの規模で昔の観音林倶楽部の魚崎・住吉邸宅群の一邸を残して、そこに住まう人たちが実際のオーナーとして残っている。

村山さんと加納さんのお家はどちらも敷地の４分の１くらいは残っているが、両方とも美術館になってしまった。そうしないと残せなかったのだろう。観音林倶楽部は住吉学園という財産区から派生した財団法人になり、我が勝次郎邸も分譲住宅や普通の大規模なマンションになって分譲されたし、弘世さんのところは３分の１くらいはレストランになっているが、そこも近いうち分譲マンションになると聞く。

住友本家も野村さんのところも普通のマンションで、今やその土地のオーラを感じなくなってしまった。

そういう中で、１００年も前の邸宅伝説を感じさせる広大な庭園と、現代の邸宅としてたった１９７戸で共有するオーキッドの１万坪以上が今に残り、実際に共有者とはいえ所有者が住んでいる状態で残っているというのは奇跡的だと思う。この６つの地蔵尊がオーキッドの北東鬼門方向でしっかりと守りを固めてくださっているおかげではないか。これらお地蔵さんに感謝だと思う。

そして、この土地の強運は、今に至るオーキッドコートのデザインをワールドクラスの設計士やデザイナーに委託したことからもわかる。どのような人々のどのような思いでこの異常なまでの高級レジデンスがここに誕生し今に受け継がれているのか見ていこう。

オーキッド北東に６つの地蔵尊がある。工事中に発掘され、ここに集めて祭られた。後方に見える建物がオーキッドコート右峯館。

3．アンドレ・プットマンの仕掛け

「デザイン界のココ・シャネル」、オーキッドをデザインしたアンドレ・プットマンは、そう呼ばれている。

１９２５年生まれなので、和暦で言えば大正１４年、ちょうど私の母と祖母の中間くらいの年代になる。彼女が有名になったのは、１９８４年に竣工したニューヨーク・モーガンズホテルの内装デザインを手掛けたことで、ブティックホテル、デザインホテルの世界初、小型のホテルでも内装やデザインで価値を生むという新しい潮流を作ったことで名を馳せた。

５９歳でデザイナーとして成功したプットマン。アールデコの美術品収集家でデザイン雑誌の編集者であった夫のジャック・プットマンの影響もあったが、7か国語を操る父を持ち、ピアニストの母と暮らす中で、１４歳で祖国フランスはドイツとの戦争に巻き込まれ、２０歳の成人まで占領下のフランス西部のカンパーニュで生活したことで価値観の大転換を青春期に経験し、生活が大事という彼女のデザインの底流を流れる１本の筋を刺し貫いた。さらに、その周りにフランスらしさというか、アールヌーボーだけでなくベルサイユ様式やミニマリスト、アールデコなどのデザイン性をちりばめた変化ギャップをまとめ上げるというスタイルが出来上がったと思う。

「ココ・シャネル」が新しい「働く女性」のスーツをデザインしたように、プットマンはアールデコやアールヌーボーというフランス特有のデザインをアメリカ風の実用主義（それを男性的に追求しきったものがミニマリストということだろうか）と掛け合わせ、「実用主義」的な「フランス文化」を初めて世に送り出した。

シャネルとプットマンの２人の共通点は、アバンギャルド的な先見性と、煙草、お酒に焼けただれた声だと思う。プットマン自身、自分のデザインの根幹は、異文化のブリッジ、ギャップ、掛け合わせの美、そしてその両方の継承であると語っている。そして、最初に設立したデザインオフィスを「エカール」と名付けた。フランス語で「ギャップ」という意味だ。

オーキッドの蘭倶楽部に据えられたプットマンデザインでカッシーナで製作された円形のブルーのベルベットのベンチは、青い蘭の花弁をイメージしたアールデコであると同時に、座り心地はきわめて固く、公共のベンチ、クラブの待合のカウチとしての機能性を発揮している。これを見るたびに、彼女の戦争体験から「大事なのは生活」で、使い勝手の良くないデザインはデザインではないというゆるぎない信念が伝わってくるし、同時に、フランス人の芸術や造形に対する確固たる信頼を表現していると感じる。

日本では蘭というと「胡蝶蘭」を想像してしまうが、フランスのアールヌーボー（新しい芸術）で蘭を表現すると、必ず中央にラッパのような突起のある花弁が表現される。日本では単に蘭と呼ぶより、「洋蘭」や「西洋蘭」と言われて、南洋を起源としてヨーロッパから入って来たものがこれに当たる。

洋蘭はもともと南洋にしかなかった植物で、ヨーロッパでは南太平洋の植民地を起草させ、特にアールヌーボーで、この蘭が人気となったのは、豊富な石炭を使い蒸気機関などの技術的な発達で「南の島」でしか生息していなかった「蘭」をヨーロッパのような北の地域でも栽培し流通させせることができるようになったことから、エッフェル塔など万国博の開催をきっかけに広がった技術とフランス文化の融合から新しい芸術として花咲いたその芸術活動の中心に躍り出たと言える。フランス文化の南洋の楽園に対する憧れや憧憬が、この洋ランに象徴されている。

ちなみに「アールヌーボー」という言葉は、フランスの日本美術商サミュエル・ビングがパリに開いた画廊「メゾン・ドゥ・ラール・ヌーボー」に起源を持つので、日本との関わりも強く、この時期の芸術家は日本の浮世絵や自然の植物の表現を取り入れていたと聞く。日本の芸術はそもそも自然との関係が深く、ヨーロッパのルネッサンス「人間解放」という人に重心を置いた芸術から、自然や植物、動物など自然環境に芸術の中心が移った時期と言っていい。そして、洋蘭はその中で、西洋文化の勲章つまり技術的に蘭をヨーロッパのような北の寒冷地でも栽培可能にしたという成功の感触とあいまって、この時の芸術作品の中心の自然を表現する最も誇らしい姿、そして憧れの象徴としての地位が確保された。

だから、オーキッドコートの建物内には数々の「蘭」のデザインが忍ばせてある。先の蘭倶楽部のブルーのベンチ、各住戸の扉の取手もすらりと伸びた洋蘭の茎と、はらりと落ちたその一葉の花弁が上の親指の当たる部分に配置されていると聞く。庭のブロードレイクと呼ばれる一番南の池の部分も、上から見るとオーキッドコートの蘭をモチーフにしたロゴ、シンボルマークが池の形として刻まれているのに気付く。実はこのことに気付いたのは小学生の子供たちで、いつも乗るエレベータの中に敷いてある泥除けマットのオーキッドコートの蘭のマークと同じ形に池のカーブが切ってあると教えてくれた。

そして、実はオーキッドのデザイナーであるプットマンらしさというのは、このアールヌーボーの蘭倶楽部等オーキッドを中心にしたデザインだけではない。彼女の言う「デザインのブリッジ、ギャップ、掛け合わせ」は、アールデコとミニマリスト、さらにベルサイユ式の庭園までも表現し、それを混在させながらも調和を保っていることにある。

そう、オーキッドコートの住人の方なら、アールデコと言われれば、建物全体の直線的なデコ（装飾）をすぐに思い浮かべるだろう、ミニマリスト？ そう、ウェストクリーク（渓西館）とセンターコート（メインエントランス）ロビーにおいてあるチェアはコルビジェの本物や特注のマリオ・ベリーニで、これはもうミニマリストのさきがけのデザインと言っていいのにもかかわらず、その奥に広がる洋蘭をイメージしたアールヌーボーの曲線的なデザインとなんの違和感もなく、一体としてむしろその変化を心地よい生活環境として感じるよう演出されている。

最後は、ベルサイユの庭園のようなホワイトローズのガーデンだ。そう、あのマナーハウスとその前に広がる四角く区切って広がっているバラや香りのするキキョウのガーデンは、人工的な古いお城のジャルダン・ダンシャンを感じさせる。実際、プットマンの娘に引き継がれたプットマン・デザインオフィスは、この芸当をテュイルリー城でやってのけている。こうした、フランス人デザイナーなら考えたであろう数多くの傑出したアールメトッド（芸術方式）を総花覧的にオーキッドコートに詰め込んでいる。これでもかというくらい。

で、プットマンの偉大性は、このそれぞれに全く違う直線性と曲線性、華美とシンプルさ、色合いとシングルカラー、実生活とデカダンス、それら極端に真逆の事象をすべて包含し、なおかつ違和感なく調和することは当然、一方でそれぞれの鋭敏な性質を全く失っていないということだ。ここでも、対照的な現象をオーキッドコートに埋め込み、そして表現している。

プットマンは、自身のキャリアを次のように表現している。

constantly imagined bridges, gaps, connections between arts, fashion and design. the daughter of two black sheep, successors themselves of ancient lineage of black sheep.

いつも芸術・ファッション・デザインの結節点としての橋であり、自分のことを２種類のブラックシープ（異種の人種）の子で、その継承者、古代から続く異種人種の正当な後継者だとしている。どこまでもありきたりの１つの芸術、生活、デザインには絶対に属さないわよ、私は私よ、そういうのをぜーんぶ含めてそしてつなげて、バランスをとっていくの。

そう、オーキッドコートに長く住んで感じるこの「安定感」と「いつも異種なものに触れている」という「新鮮さ」を同時に感じるのは、このせいなのだ。

これはあの「金閣寺」に似ている。３層で構成されている金閣寺は、各層でそれぞれ異なる建築様式となり、歴史的建造物では非常に珍しい構造なのにもかかわらず、全体として「安定感」と「新鮮さ」の両方を持っている。

オーキッドコートに長く暮らしていると、他のマンションや邸宅では物足りなさを感じるのは多分このためだと思う。

先の洋蘭をデザインしたアールデコ調ブルーベルベットの蘭倶楽部のカウチは、すぐ横に配置されたカッシーナ製のジャン・ミッシェル・フランクの真っ四角な革製の椅子と並んでいても、デザインや材質の対称性というか極端な違いを誰も気にせず心地よくどちらにも座れる。その非対称性は、この２種類のカウチとソファーにとどまらない。真っ四角の革製のソファーの中央にあるテーブルは、今度は曲線だけで構成された半円形のテーブルなのだ！

もし、このソファー中央のテーブルが円形のものを２つ並べただけのもので、テーブルは円形、そしてソファーがコルビジェ風四角だったら多分、誰もが「なんで？」と違和感を持ったに違いない。しかし、プットマンおばあちゃんはテーブルに半円形を用い、その直径の直線部分をつないで、１本の直線を強調して四角く直線しかないソファーと半円形のテーブルが違和感なくはまっている構造を作り出している。

半円形を左右飛び出すほうを逆にして並べれば、半円形の直径で直線の部分がその２つのカーブを打ち消してソファーの直線とピッタリはまる。で、半円形ではお茶やカクテルそれにおつまみまで載せた場合にはスペースが足らなくなるので、ご丁寧にそのテーブルの下からもう１つの半円形の金属プレートが飛び出し、２個の完全な円形が２つ並ぶ大きなスペースを確保したテーブルが飛び出す。ほら、これで使い勝手のいいテーブルでありながら、使い勝手よく半円形の鉄板テーブルが飛び出すので、ひっこめればその造形がソファの直線に調和する美しさを表現する。

この半円形のテーブルは、実はフランスの文化省の文化担当大臣のテーブルと同じデザインだ。半円形で、客用のカウチの前にはやはり半円形、そして円の中心部に当たる部分に真鍮のアクセントが施してある。この文化省大臣室のインテリアデザインもプットマンのデザインだ。

また、オーキッドのこの蘭倶楽部にあるのと全く同じデザインの半円形のテーブルは、パリのクチュリエのオフィスにも使われているのを写真で見たことがある。フランスのゴテゴテしたデザインが多い中で、プットマンという名前はグローバルな機能性を備えた先端のデザインとしてとらえられ、彼女の生きた時代からもう１００年近く経とうとするのに、いまだにプットマンという名は色あせていない。デザイン界のココ・シャネルという称号が贈られた理由が、ここにもある。

空間を超えたプットマンのデザインは、時間も超えている。１９２５年１２月２３日の生誕から１００年近くが経過しようとしており、２０１３年1月１９日に彼女が亡くなってからでもすでに１０年近いにもかかわらず、彼女のデザインは新しい感覚をもたらしてくれる。

だから、2年前の２０２０年の4月にも、伝記作家シルヴィ・サンティーニはアンドレ・プットマンの伝記を出版した。プットマンに関する本はこれまでにも多く出版されているが、コロナ時代の２０２０年に再び注目を集めているのは、デザイン界のココ・シャネルである彼女らしさを感じる。

『アンドレ・プットマン、閉じ込められることを好まなかったデザイナー』の著者シルヴィ・サンティーニに言わせると、アンドレ・プットマンの遺産はいろいろなデザイナーや建築家に引き継がれている。ブルーノ・モイナード、エリオット・バーンズ、またはキャロライン・サルコジに加え、クリスチャン・リアグレまたはジョセフ・ディランもプットマンの後継者だと言い切る。プットマンはまた父親であるジャック・ディランのインテリア写真を子供の頃から見ていたといい、彼女自身が名士であり貴族的な中にいたのだとする。その一方で、飲酒と折衷主義（先のギャップをデザインの中心だとするような考え）の特徴を同時に示すデザインはすべて「プットニア」と見なすことができ、そのどちらもプットマンの遺産だという。

パリマッチやフィガロ紙などで長年記者を務めていた著者のシルヴィ・サンティーニが記したアンドレ・プットマンは、最も因習打破的アバンギャルドで創造的かつ世俗的である一方で本当は貴族的な家族出身の人物だった。

デザインの女神。これは、シルヴィ・サンティーニが非常に偶像破壊的なアンドレ・プットマン（本名：クリスティン・エイナード）の伝記に選んだ副題だ。プットマンの大きなピカソスタイルのシルエット（このシルエットの影絵のようなプットマンの肖像画はアールデコ、コンテンポラリーアートの代表としてキース・ヘリングやアンディ・ウォーホルの自画肖像デザインのように有名なものだ）も、フランス現代アートでは最もポピュラーなカリカチュアで、プットマンの錠前デザインはカルチェのクレドシリーズの元デザインと言われ、バウハウスはパリ６区の象徴的な商業施設でありレジデンスとして有名で、パリのクリエイティブサークルや装飾家、デザイナーとしてのプットマンの地位はここ１００年ゆるぎないものになっている。
晩年にやっとそうした名声を確立した５０歳のこのおかしな女性のことは、「超ブルジョア」（ヴィンセント ボーリン）とか「煙草の鶏」（ホセ アルバレス）と揶揄されているが、ニューヨークのモーガンズホテル（業界初のブティックホテル）やフランス文化省のジャックラング（文化担当大臣）のオフィスのようなプットマンデザインの建築遺産より、アンドレの名前は特別な廃頽貴族的なそして同時に最も現代アートに近い女性として記録されている。
エリゼー宮での夜の「サファイアの目の警備員」という出し物でプットマンは音楽にも挑戦したが、知的なミュージシャンとしては自分自身を失敗だと考えていたようだ。ブルゴーニュの修道院で幼少期の夏を過ごし作家になることを一生夢見て冷蔵庫を嫌い日常を嫌っていた彼女の貴族的日常は、将来において遅咲きの世界的に残るデザイナーを作る基礎になった。マスコミに就職していた時代、カルトトレンドエージェンシーの「マフィア」のパートナーだった彼女は、ティエリー・ミュグレー、カール・ラガーフェルドなど、１９８０年代のフランスを代表するデザイナーをことごとく親密なクライアントにした。
実際、シャネルやエルメスそれにカール・ラガーフェルドなどの店舗デザインも、いくつかはプットマンのデザインだ。そう考えると、エルメスの古い質感の中にも実用的な堅牢さを示した数々の日用品やショップのソファーなどにプットマン的なものを見ることができる。そういうのを「プットニア」というのだろうか？ エルメスのスカーフもプットマンがデザインしている。このプットマンデザインのスカーフをオーキッドの蘭倶楽部で飾ったら面白いと思うのだが……。

プットマンは、黒と白の市松デザインや細かなタイルを敷き詰める構造体をいくつかデザインしている。オーキッドで言えば蘭倶楽部トイレやバイオスフェア、個別の専有部分の分譲時の大理石張り玄関口のデザインがそれだ。が、それが気に入らないサンローランは突然プットマンと別れたと言われている。しかし、そのように道を別にしたデザイナーたちですら、プットマンのことはいろいろと記録しており、マックス・エルンストのカメのデザインと同じようにコミカルな画面と華麗・壮麗な側面を交互に強調するようなデザインが、彼女の白と黒の市松デザインの延長線上に作られたことは有名だ。

このように他のデザイナーに与えた影響は大きく、プットマンのキャラクターのもろくて自己中心的なデカダンスはフランスの現代アートの中に遺伝子として組み込まれている。そういう影響力があったにもかかわらず、彼女自身は自分のことを閉じ込められた存在だと言い、「近代の考古学者」と定義していた。近代の考古学に閉じ込められるのを嫌った彼女は、時代を超越したインテリアを夢見る姿勢を死ぬまで崩さなかったし、オーキッドがその時空を超越したデザインの最終形の１つだった。

２０２０年になって、こうした「近代の考古学者」たるプットマンの伝記を記して彼女を遺跡から掘り起こそうとした理由を、シルヴィ・サンティーニは、タランディエの編集ディレクターであるドミニク・ミシカが、シャルロット・ペリアンについて書くために「リブレ・ア・エル」（雑誌）のコレクションを掘り起こし、それを一緒に見たことから始まったと語っている。２０１７年春、ヴィトン財団が開催したプットマンなど現代デザイナーの展覧会の１年半前のことで、この議論の中で、アンドレ・プットマンは最も興味深い主題であるのにかかわらずプットマンの本当の姿を誰もよく知らないのではないかと思い、貴族的デカダンスな側面と実用的機能的な側面がなぜ１人の晩熟なデザイナーの中に同時に存在したのかそういうことを研究したかったのだそうだ。

ニューヨークのプットマンデザイン・レジデンス。白と黒の市松模様はプットマン初期の作品の特徴で、分譲時のオーキッド各住戸専有部の玄関大理石の床にも使われている。

サンティーニは、パリ・マッチのためにプットマンにインタビューした時から彼女のことが気になっていたというが、彼女には主張とスタイルがあり、非常に親しみやすい性格だったと記憶しているという。それが偽物であろうと本物であろうともはや問題ではなく、プットマン自身が一個の芸術だったと伝記では言っている。

２０代の頃、キャサリン・ハムネットのパーティーで、ワインをがぶ飲みし煙草を手から放さなかった彼女を思い出す（私がキャサリン・ハムネットのパーティーで、会ったプットマンのことは後述する）。あの声は、酒と煙草の創作物であることに間違いない。

例えば、彼女が望んでも得られなかった音楽面での功績や、年上の異母姉妹と一緒にいた時や、ドイツに占領されていた子供時代にカンパーニュの修道院で寂しく１人で過ごした過去など、貴族的と言われるプットマンにも悲しい悲劇的な日々があったということが、この伝記で多く語られている。しかし同時に知られていない家族の社会的および文化的重要性、例えば彼女の祖父はフランス議会の議長だったことなどもまた、この伝記を通じて初めて知った。

また、この最近の伝記のおかげで、１９５０年代から１９７０年代にかけて彼女の夫であるジャック・プットマンが彼女にとって、そして１９５０年代から１９７０年代にかけての芸術環境にとって、どれほど重要な意味を持っていたかを理解できた。ジャック・プットマンは、アート愛好家であり、コレクターであり、オランダ人の画家のブラム・ヴァン・ヴェルテなどのアーティストの「エージェント」でもあった。その影響力の大きさから、プットマンは旧姓のエイナードに戻して活躍することがなかったというのも理解できた。

ほぼ１世紀前の１９２５年、第二次世界大戦中の少女として生まれたアンドレ・プットマンは、最初にドイツに占領され監禁生活等過激に過ぎ去ったフランスで育ったが、偶然にも現在、コロナ禍を通じて閉塞感ある生活、夜間外出禁止令、制限…など私たちがオーキッドで経験したここ２年間の疫病騒ぎと、１９５０年代のフランスで起こったことはほとんど同じ閉塞感を生活にもたらしたと思う。だからこそ、彼女のデザインの現代性と今の生活に必要なものがオーキッドにも残されていたというか、時代がオーキッドとシンクロしたとでも言えようか。

簡単に言うと、デザインのごった煮を施しても違和感なく、いつまでもオーキッドの敷地の中で生活していける環境があるということ。

コロナの生活制限のある時に、オーキッドから一歩も出ずに生活した経験をした住人の方も多かったのではないかと思う。庭園で散歩をする年配の方々、ベビーカーを押しながら赤ん坊の面倒をかいがいしく見ている働き盛りのお父さん、敷地内の庭園でジョギングをする壮年のカップル、そしてふらりとドライバー１本を持ってバイオスフェアのゴルフレインジに歩いて向かうシニアの方……、コロナで外出制限があった時にはかえって住人の方の「人間的な」生活の所作を、オーキッドのいろいろなところで拝見することができた。

プットマンがコロナを想定したわけではないが、彼女のドイツ占領時代の国家的監禁生活で邸宅の持つ意味そして生活の場としてのオーキッドのコンセプトが、このコロナ騒ぎを通じて私たち住人にも見えてきたような気がする。他のマンションで息苦しい生活制限や外出禁止を経験したら、もっと私たちはストレスに悩まされていたであろうことは間違いない。そういう意味で、プットマンのオーキッドの真価がコロナという時代背景でさらに浮き彫りにされたのではないか。

プットマンは決してフェミニストではなかった。彼女はココ・シャネルのようにブルジョアに生まれながら女性は自由に生きることが許されない時代に「理解のある家族」から出て働いた最初の若い女性の１人だった。その上、離婚して、一文無しになるような経験もしている。それから最初の「トレンド」エージェンシーである「マフィア」で勤め始めることになるが、その時にはキャリアとお金に執着したデザイナーとしての萌芽はあったのではないかと思う。アンドレ・プットマンには、音楽家である母の願いでピアニストを目指していた時代に受賞したいくつかの音楽賞を除いて学歴というか卒業証書はないが、こうした時代を取り込むことでデザインという創造物を仕事にするまでに成長したプットマンがいたと思う。

その後、彼女が１９７８年に自分の会社を設立した時、エカールエージェンシーとして仕事面では成功する一方で、ジャックとの夫婦別居による新たな私生活の問題を経験し、それによって受託する仕事の量も制約された。１９８０年代のグラマラスでハイパークリエイティブな熱狂の時代に遭遇し、それに飛び込んでいく。彼女はフィリップ・スタルクのように、この１０年間の「デザイン」現象やキャッチオールな用語の流行の起源にもなった。

「デザイナーが教祖に変身する」ことを嫌い嘆くのも、プットマンのスタイルだ。ネーミングに依存したブランドのデザイナーには最後までなろうとしなかった。一見すると、それは最初の経済的な利益を優先したデザイナーオフィス・エカールの設立時代とはかなり変わっていることに気が付く。デザイナーとして決して楽なイージーマネーの世界にはいかないという信念を感じるし、逆に言うと個人的時間や経験を総動員して個別のデザインにエネルギーを集中させる姿勢は、今に生きるデザイナーというより芸術家の領域のような気がしてならない。オーキッドも、そういうデザイナーとしてのプットマンでなく、アーティストとしてのプットマンの作品と言うほうが正しいと思う。

彼女はまたパーティーが大好きで、その嗜好も蘭倶楽部には余すところなく発揮されている。「ヌーバ」というパーティーの新しい形を作ったのも彼女だ。時代の古い宮殿や古城で先端のデザイナーやアーティストがディスコ調の音楽の中で戯れる、そのイメージをずっと追い求めていた。古民家で現代風のパーティーの演出をするということ、それを「ヌーバ」といい、最近は日本でも若いデザイナーやプロデューサーがこの嗜好を持って活動するようになっている。「ヌーバ」トレンドの生みの親、プットマンのオーキッドでも、時々デカダンスな蘭倶楽部で子供同士のママ友の交流会があるなど、その「ヌーバ」の原型は実は昔からここオーキッドには存在していたと思う。

世界で最も有名なコンテンポラリーデザイナーの１人であるアンド

レ・プットマンはまた、すべてのプロジェクトを通じて「誰もが美しいものにアクセスできるようにする」設計を心掛けたという。プットマンは、そういう意味でインテリアデザインの枠を超えた芸術家であり思想家、そして唯一無二のデザイナーだったというのがフランスでの見方である。

プットマンは、有名なフランスの作曲家、フランシス・プーランから音楽家としてのキャリアをスタートさせた。１９６０年代にはジャーナリストとして働き、「L'Oeil（目）と Les Cahiers de Elle（女性のノートとでも訳そうか？）」にコラムを書いた。最後に、１９７８年にインテリアデザイナー／建築家として、友人のために数軒のレジデンスをデザインしたことで有名になり、それがもとでエカールは内装や建築デザインでの存在感を高めた。

フランス初のスタイルとマーケティングのコンサルティング会社である「マフィア」も、プットマンによって設立された金字塔だ。６０年代の終わり頃、プットマンは、フランスのショップ Prisunic（プリズニック）のデザイン＆スタイル部門で、デニス・ファイヨールとメーム・アルノディンと共に働いた。オフィス「マフィア」は有名な若いアーティストを使って、ホームアクセサリーと優れたリトグラフのコレクションのデザインを商業ベースに乗せることに成功した。これは、プットマンが現代アートなどの美しいものを最小限のコストで一般大衆に提供するという彼女のアイデアを実現したいろいろな方法の１つだった。

キャサリン・ハムネットのパーティーで聞いた「前衛的」とプットマンが言われたことへの反応を思い返すと、彼女は常に「アバンギャルド」の一歩先を行っていると思う。１９４０年代の終わりに、彼女は自分の部屋から「ブルジョア」テイスト、アンティーク家具、装飾品などをすべて追放して生活したというし、１９５０年には少女たちが花柄のドレスを着ていた頃、彼女はズボンをはいて黒い服を着ていたという。

先に述べたように、彼女は結婚することに満足するのではなく、夫ジャック・プットマンと仕事上のパートナーでもあったし、彼と結婚するのはすでに家庭のあった既婚男性のジャック・プットマンを略奪した形になった。しかしそれでも、その彼と１０年後に離婚する。そう略奪婚だったのだ！

また、プットマンは時代の空気や香りを感じ取って、デザイナーや芸術家が花咲く前に掘り起こすという才能も持っていた。ジャン＝シャルル・ド・カステルバジャック、イッセイ・ミヤケ、アズディン・アライアなど、彼らが有名になるずっと前の単なる「若いデザイナー」であった時代に彼らを特定して掘り起こし、３０年も前の「コンセプトストア」で紹介している。

最後に、ポップな時代だった１９８０年代の初めに、彼女は家やホテルなど不動産のデザインを手掛けるようになり、白黒またはグレーまたはハーフトーンで飾り付けしたが、この頃から内装装飾の色と建物芸術ファンタジーに専念するようになっていく。１９５０年代以降のプットマンの芸術的嗜好は、ずっと万人から好かれる類のものではなかった。つまり、彼女は時代のその先の先を見ていた。

生きていればアンドレと同年代の女性で現在９５歳のフランソワーズ・ポルト（ジャック・プットマンの最初の妻）はジャック・プットマンと彼の歴代の妻（アンドレを含む）たちとコミュニケーションを維持した上に芸術的な感性を共有し、芸術家を育てることに協力した１人だった。彼女たちの話を読み解いていくと、プットマンがジャックと結婚したのは略奪婚のように見えて、実はギャラリーの所有者であったジャックを中心にした芸術家の集まりのような関係だったのではないかと思う。

そういう芸術家をジャックと一緒に愛した女性たちの邸宅（特にロメロピエリのような女性たちの贅沢なデザインの家）は、今でも色あせていないという。ここに集う９０歳の女性限定の豪華な家はプットマンの存在なくしては完成しなかったろうと、フランソワーズ・ポルトは言っている。黒と白のチェッカーボードは、この素晴らしいデザイナー芸術家のほんの一面で、２０１３年に８７歳で亡くなるまで、これらジャックの周りに集まった芸術家やアートの掘り起こしの達人である女性たちの邸宅をことごとくデザインした後、プットマンはインテリアデザインの世界にオーキッドコートでハイエンドな落ち着いたプットマニアな足跡を残すことに成功した。

アンドレ・プットマンは、１９２５年１２月２３日クリスマスイブの前日にパリの裕福な家庭に生まれた。学者と芸術家の家系で育ち、彼女の音楽教師はフランシス・プーランだった。Andrée Christine Aynard（アンドレ・クリスチン・エイナール）は旧姓で、祖母を通じてモンゴルフィエ兄弟家の子孫だ。

モンゴルフィエ兄弟は、兄ジョゼフ＝ミシェル・モンゴルフィエ（フランス語 : Joseph-Michel Montgolfier、１７４０年８月２６日～１８１０年6月２６日）と弟ジャック＝エティエンヌ・モンゴルフィエ（フランス語 : Jacques-Étienne Montgolfier、１７４５年1月6日～１７９９年8月2日）の２人で熱気球を発明し、世界で初の有人飛行を行ったフランスの兄弟。その功績から１７８３年１２月、兄弟の父ピエールがルイ１６世により貴族に叙せられ「ド・モンゴルフィエ」(de Montgolfier) を名乗るようになった。（ウィキペディアより）

祖父は銀行 Maison Aynard & Fils（エイナール親子商会とでもいうのだろうか）の創設者だ。彼女はピアニストになるよう母親には期待されていた。音楽院でハーモニーの最優秀賞を受賞したが、自分がピアノの後ろにずっといて、世界から切り離されたままになっていると感じたプットマンはピアノを捨てる決意をする。

アンドレ・プットマンは、人との出会いと世界の観察が大好きだった。彼女はピアニストとしてのキャリアを捨てて、若い時代には雑誌「Femina（フェミナ）」そして「Elle（エル）」で働くようになる。これらの経験により、芸術の知識を磨くことができた。この就職は議会の議長だったプットマンの祖父のコネが効いたと伝記では言っている。

シモーヌ・ド・ボーヴォワール、ジュリエット・グレコ、ジャン・ポール・サルトルなどの偉大な人物に傾倒したことも記録されている。今では想像がつきにくいが、プットマンは若い頃は控えめで周囲に気を配っていた繊細な乙女だったそうだ。

１９５０年、出版社、コレクター、美術評論家のジャック・プットマンと結婚する。そこから、芸術の世界により深く進出し、当時の現代美術の最も偉大な芸術家たちとの交流が始まった。そうした芸術的な環境下からプットマンは、プリズニックストア（プランタンやバーニーズのようなハイエンドな百貨店）のスタイリストになった。プットマンは自分が付き合う若い芸術家たちの宇宙の「美しいもの」をすべての人々に楽しんでもらいたいと思っていた。その後、プレタポルテを専門とする会社「Créateurs et Industriels」の設立に協力した。才能を見抜く才能を持つ彼女は、ジャン・シャルル・ド・カステルバジャック、ティエリー・ミュグレー、イッセイ・ミヤケなどのデザイナーを最初にフランス社会に喧伝した。

しかし、プットマンは離婚と事業「Créateurs et Industriels」の倒産により、困難な時期を経験する。１９７１年にプットマンは繊維会社Créateurs et Industriels のアーティスティックディレクターになり、ＳＮＣＦ（フランス国有鉄道）の使われなくなった場所にオフィスを構えたが、この繊維会社は１９７７年に事業を閉鎖した。この前後にプットマンは離婚も経験し、苦難の４０代だったと思う。その後、彼女はこれまで以上に決意を固め、この社会的デザインの世界に戻ってきて、改めて「Ecart International」を設立した。

７０年代後半にプットマンは Ecart International を設立し、ルネ・ハーブスト、ジャン・ミッシェル・フランク、ピエール・シャロー、アイリーン・グレイなど、１９３０年代に放置されていた偉大なデザイナーの作品を独力で復活させ、それを商業ベースに乗せた。この華麗な芸術やスタイルのエステティシャンは、彼女のユニークなテイストから得た本能のままに、過去のアイコニックなデザインをリモデルし復活させるというビジネスの方法を直感的に切り開いた。

この新しいベンチャーを Ecart と命名（これはフランス語でギャップまたは距離を意味し、「トレース／なぞる」という言葉と逆の意味）することで、プットマンはこれからの世界的な成功のきっかけを作った。彼女は、一般的に誰もがするようなデザインやビジネスを一切踏襲せずに、２０世紀初頭の巨匠になった。自分の直感と、美しく仕上げられた本質的なデザインに対するテイストを絶対的に信頼していたと言われている。傲慢なまでの感性で、見事な家具を歴史的なデザインをもとに現代風のすっきりとしたものに作り変えて、国際的なコレクターやインテリアデコレーターの要望に応え、彼らを驚かせることになった。

しかし、アンドレ・プットマンの履歴書は単に過去のデザインに敬意を表してそれをリモデルしただけではない。彼女の前向きな考え方と非の打ちどころのない独創的な趣味により、彼女はファッショナブルなホテルを設計するようになる。その中には、市松模様タイルのモーガンズや見事な緑の壁のパーシングホールなどがある。ナイトクラブやコンコルドの洗練されたインテリアと、イヴ・サンローランやバレンシアガの最もファッショナブルなブティックのいくつかを手掛け、カール・ラガーフェルドもまた、パリの彼の有名な７Ｌギャラリーを含むいくつかのプロジェクトを彼女に依頼した。アンドレ・プットマンは、室内装飾の観点から私たちの視覚文化をリセットし、拡張させたと言える。さらに、彼女の献身のおかげで、世界は過去の伝説的な巨匠たちの美しく革新的な作品を再発見することになったと思う。

アンドレ・プットマンはどの学校にも通っておらず、独学でデザインを学び、最後にはフレンチスタイルの世界に対する大使になり、オーキッドコートのデザインコンセプトを固めた。彼女は特に１９３０年代の装飾的なスタイルを高く評価しており、それは彼女の多くの作品にも見られる。クラフツマンシップに対する彼女の情熱、フランスの装飾芸術の伝統に関する知識、そしてミニマリストの形に対する彼女の目は、他のどんなデザイナーよりも優れていた。

プットマンデザインのパリ７区レジデンス。床まである窓枠や床の斜かえ張り無垢板、壁、天井の飾り梁など、色使いや素材、雰囲気が分譲時のオーキッド専有部によく似ている。

オーキッド以外にアンドレ・プットマンの有名な作品を見てみよう。

ミュージシャン、スタイリスト、アーティスティックディレクターでもあったプットマンは、あらゆることに挑戦している。デザインを民主化し世界中に知らしめることを望んで、プリズニックのトレンドセッターとしてキャリアをスタートさせたので、その作品と言えるものはやはりフランスの世界的な有名ブランドを通じて世界中にちらばっている。そういう彼女のアーティストと日常をつなげるというコンセプト作品のおかげで、基本的な家庭用品がデザインオブジェクトになり、エルメスやブルガリなどが家庭用品にまで手を伸ばすきっかけとなった。最も注目すべき作品のいくつかを、次に示しておこう。

ジャック・ラングのオフィス——

１９８２年、アンドレ・プットマンは、当時文化大臣だったジャック・ラングのオフィスを設計した。豪華さと優雅さ両方を兼ね備えており、ブロンズの細かな装飾で飾られたシカモアのコーヒーテーブルは、オーキッドの蘭倶楽部にあるコーヒーテーブルそっくりだ。

プットマンがこのデザインで一番心掛けたのは、文化省の本庁舎の入るパレロワイヤルの内装が宮殿らしい金の装飾で飾られているので、そのゴージャスな印象を与える金箔をいかに目立たなくさせ、調和した近代的でモダンな印象を与えるものにするというテーマだった。そこで選ばれたのが、金色に近い薄いベージュ。その色で大きな大臣のデスクも、そして客用のコーヒーテーブルもデザインされ、形はプットマンらしい現代風の半円形を使っている。その室内はまるでラスベガスカジノのオーナーの執務室のようで、コンテンポラリーに洗練されていると感じる。

ラ・コンコルド——

コンコルドのインテリアデザインは、プットマンに委ねられた。極超音速機は、アールデコ様式のプリーツをまとったカーペットを敷き詰め、通路に特別なエレガンスをもたらした上、シートには東京のタクシーをイメージしたヘッドレストのデザインが機能美としてしつらえられている。ヘッドレストには実用的な清潔感を醸し出す白いヘッドカバーが掛けてあり、８０年代の東京のタクシーからインスピレーションを得たらしいが、そこからの香りは間違いなくフランスそれもメトロポリタンなエルメスの香りであったと記憶している。

モーガンズ・ニューヨークホテル――

象徴的な黒と白の砂岩タイル張りのバスルーム。これにより、アンドレ・プットマンはフランスのデザインのアイコンの地位に昇格した。このホテルのデザインでは、予算のない中で最初オーナーからはピンクのタイルを提案されたが、同じ価格帯でもっとシックなイメージを出すために、しょうがなく白と黒のタイルを使い、デザイン的に市松模様にしたという話は有名だ。

１９８４年、限られた予算でニューヨーク市のモーガンズホテルの改装を依頼されたプットマンは、伝統的な豪華さの「下品さ」と彼女が呼ぶものを避け、代わりに合理化された豪華な「快適さ」を選んだ。彼女は、ホテルの廊下とバスルーム全体に彼女の特徴である黒と白の市松模様のタイルを使用し、ロビーと客室のインテリアをグレーの色合いでデザインした。全体の壁や床のデザインを決めた後に、家具のデザインも手掛けている。この世界初のブティックホテルは１９８７年に完成しているが、空間デザインから小物、家具などのデザインにまで全体をデザインしてしまうという技法は、香港のホテルプットマンにも見られるし、１９９２年完成のオーキッドコートでも採っている。オーキッドコートのデザインプロジェクトはこのモーガンズホテル完成の翌年１９８８年から始まった。

ザ・プットマンホテル・ホンコン――

彼女は、香港の２つの高層ビルのインテリアアーキテクチャとエクステリアデザインを担当し、そのうちの１つは彼女の名前を冠している。ザ・プットマンのファサードは、アールデコスタイルの多色ガラスが特徴。これと同じようなものを東京麻布十番のフランス大使館エントランスで見たことがある。現在でも、ホテル兼レジデンスとして２０２クイーンズロードセントラルで営業している４つ星のホテルで、一泊７００ドルから８００ドルで宿泊できる。セントラルの香港上海銀行本店のすぐ山側にあり、その立地と外観の特徴あるプットマンラインから、記憶にある方も多いと思う。

プットマンは、世界中でブティックホテルやレジデンスのデザイン設計に関わっているが、このホンコンプットマンホテルやオーキッドコートのように、一等地の場所にあるものしか手掛けていない。これは彼女の事業家としてのセンスだったように思う。

パーシングホール・ホテル――

彼女は、パリ６区にあるホテルの改装も指揮した。６区と言えば、東京では千代田区か中央区の銀座にあたり、これも立地は申し分ない。シャンゼリゼから１本入った、それもジョルジュサンクというブティック街に接するこのホテルの立地も、駅近の住宅地であるオーキッドに引けを取らない。この並外れたホテルは、パリの６区、サンジェルマン・デ・プレのエレガントな住宅街に位置し、知的で芸術的な生活の卓越した場所である世界的に有名な地区の魅力と活気を、プットマンが最初に創造し提供したと言われている。ここに、小さいながらもコンパクトで価値のあるブティックホテルを１つ手掛け、その名前で宿泊者が絶えない。

他にも、バレンシアガとラガーフェルドのブティック、ミュンヘンのスパ・バイエリッシャー・ホフ・ロワシー、シャルル・ド・ゴール空港のシェラトンもプットマンの作品の一部だし、ピエール・エルメというマカロンで有名なパティシエのショップデザインもプットマンデザインの作品として有名だ。

これだけ多くのアイコニックなデザイン遺産を残したアンドレ・プットマンのデザインスタイル、その根っこはどこにあったのだろうか？

プットマンは、仕切られた空間を解放して広くし、明るく開放的な生活空間を好んだ。建築の世界でロフトのコンセプトを最初に提唱したのも彼女で、オーキッドでも、このロフトのある専有住戸は数多く存在する。これは日本の他の大規模住宅開発では到底起こらない現象で、プットマンの遺産と言っていいだろう。また、部屋の仕切りをなくし、コード（建築家が普通に設計した時に採用する形）を壊すことで空間を再発見したと言われるが、これもオーキッドではほとんどのどの専有住戸でも見られる。パティオを挟んで離れの部屋を作るなど、日本の建築家が大規模集合住宅で採用しようなどとは絶対に思わない専有住戸が、オーキッドにはいくつも存在する！

新築時のパンフレットを見ると、オーキッドで、プットニア的なデザインは枚挙にいとまがない。コーナーを柱でなくガラスだけにした住戸、ロフトに上がる階段を重視した住戸、キッチンの全面が窓の住戸、リビング天井に天窓のある部屋、オーキッドのデザインに後で述べるチャールズ・ムーアという建築家だけでなく、プットマンの空間デザインがそこかしこに表現されている。

玄関を入って一部に「坪庭」があったり、外からは見えない「明り取り」の窓が上階から下の階まで貫通していて、それぞれ各階の部屋に自然の太陽光が柔らかく差し込む仕掛けも、オーキッドではいくつも見られる。プットマンの光と空間に対する意志がチャールズ・ムーアとの共鳴で生まれたと感じる。

プットマンは「リビングルームで入浴したり、ベッドルームでシェフをしたりするのではなく、さまざまな職業、柔軟な場所にスペースを開放することです。空間が私たちに提供する感覚を優先するのではなく、空間を機能によって独占し、それぞれの空間の機能を決めてしまうなんて馬鹿げている。勝手に決めてしまった機能じゃなくて、その空間の光、香り、色、そういったものが住人に提供する感覚こそ優先すべきだ」と、強烈に社会に詰め寄っている。

つまり、空間が私たち住人にどういう人間的な感覚を提供するのかを優先して考えれば、空間を機能ごとにここはキッチンここはベッドルームという決まった役割ごとに分けてしまうような馬鹿な真似はするべきではないというのが、彼女の考えだ。

そのコンセプトを持ってオーキッドを眺めれば、天窓から光を採り入れた場所でもベッドルームになるし、外の景色のいいキッチンも多い。大きく空間を区切ってしまえば部屋の役割は総合的に複合されたものになるから、生活はもっと自由に人間的になる。キッチンでご飯を作り、ダイニングで食べてなんて考えなくていい。自由に朝の光でコーヒーを飲みたければ好きなところで日光を浴びながら座ればいいし、山の景色や庭園の緑も楽しみながら料理したり会話したければ、自由にまな板を持って行ってそこで果物でも切りながら友人や家族と話せばいい。オーキッドの建物のつくりは、そんな風に複雑で同時に統合的なデザインにあふれている。これもまた、プットニアなるものだろう。

アンドレ・プットマンはまた、高貴な素材ではあるが貧弱と見なされる素材を使用したことでも有名だ。彼女はシンプルな素材の美しさを際立たせる日本的な方法を知っていた。オーキッドで、調和のとれた整然とした空間をもたらすために線を描く場合、白と黒の大理石タイルも使うし、蘭倶楽部のテーブルのように半円形の物体を直線的につなげる技も使う。黒、白、グレーは、作品に繰り返し登場する色で、プットマニア的な抑圧された多彩な色加減は、オーキッドの蘭倶楽部でも楽しめる。もちろん、ニューヨークのモーガンズホテルのロビーやフランス文化省の大臣室でも感じるものと同じだ。

７０年代後半、当時は斬新なアイデアだったロフトに、プットマンは住んでいた。彼女は夕食を楽しむためキッチンにゲストを迎え、バスルームがリビングルームになった。廊下の端にある隠し部屋のようなバスルームではないのが、彼女のデザインだ。これは、浴室を窓側に作る現在当たり前になったハイグレードなホテルの標準的部屋のつくりになっているが、このコンセプトもプットマンのデザインだ。

ロフトとは、日本では屋根裏部屋または部屋の天井を高くすることで部屋（の一部）を二層式にしたスペースのことだが、建築基準法においての採光・換気の基準を満たしてないことから居室としては認められないと規定されている。しかし、パリ６区の彼女のアパートのロフトには天井に窓があって自然光も入り、そこで少人数の友人との会食もできるようなスペースもあったので、大型の屋根裏部屋と言ったほうがいい。

しかし、この『アンネの日記』のアンネ・フランクがドイツ占領時に監禁されていたロフト（屋根裏部屋）をあえてこの戦争後すぐという時期に開放的にして、憧れの生活空間に仕立てたプットマンのしたたかさというか、エカール（ギャップ）デザイナーらしさを感じる。多分当時の人たちは、戦時中に隠れていた部屋というネガティブな印象しかないロフトを開放し憧れの空間にしてしまった彼女のデザインに最初は驚き、ショッキングな戸惑いの感覚もあったと思う。

オーキッドではリビングやキッチンが２階のロフトに開放的に(！)作られていたり、１階の玄関を入ると２階に延びる階段室がしつらえてあったりするが、このデザインの考えをトレースすると、なぜこんなつくりにしたのかと思っていたものの正体がわかってくる。

スイス・レジデンス。窓枠や空間の雰囲気がオーキッドの共用部廊下などに似ている。

その後、プットマンは自分のエージェンシーである Studio Putman で、テーブルウェアからプレタポルテ、家具まで、あらゆるものをデザインし始めた。

「ル・モンド」が「真っ白なコンセプチュアルのヴェスタル」(真っ白な市場、領域として残っている嗜好や思想の概念的な分野への強烈な主張。すみません、翻訳力がなくて。でもこのフレーズの言いたいことは「未開発な思想分野にこれを見よ！と叫んで強烈に社会に問いかけた」という意味だと思う）と呼んだものは、彼女のキャリアを強烈に印象付けることになった。プリズニック芸術（プリズニックというデパートで一般消費者にも手の届く日用品などを連想させる、あらゆる芸術の集合体）への参入だ。

この商品戦略は、日本で見たら「ロフト」という百貨店のような雑貨ショップに引き継がれている気がする。「ロフト」を最初に生み出したのは、例のセゾングループで、堤清二さんが最初のコンセプトを言い出して旗振りをしたと聞く。大昔、広尾のレストラン「ヒラマッ」で食事した時、「芸術を大衆に取り戻す」とか言っていたような気もするし、こうしてプットマンのことを見ていると、その時に清二さんが言っていたことを実際にやっていたのがアンドレ・プットマンだったような気もする。会ったことはないが、彼のお姉さんか妹さんがフランスにお住まいで、そうした情報を入れていたのだと思う。「ロフト」と「芸術の大衆化」という２つのキーワードをたどれば、「プリズニック」というハイエンドストアを理想として日本での事業を始めたが、そのネーミングにプットニアな「ロフト」を採用したということではないかと思う。

清二さんのセンススタイルはやはり時代の先を行き過ぎていたのだろう、今になってやっと「ロフト」的な商売が理解されるようになったと感じる。つまり、時代がやっと「ロフト」に追いついたと思うし、このことはアバンギャルドな設計デザインの「オーキッドコート」にも言える。コロナのような２１世紀型の危機を経験して初めてその価値を再発見できたという意味で、時代がやっとオーキッドに追いついたと思う。

８０年代には、当時は一般に知られていなかった３０年代の偉大な現代アーティストの家具をデザインし直して、アイリーン・グレイ、ジャン・ミッシェル・フランク、ピエール・シャロー、ロバート・マレット・スティーブンス、マリアノ・フォルチュニなどを掘り起こし、現代においても彼らの芸術デザインの本質を変えることなく生活に取り込めることを証明したりした。

その延長線上で、ニューヨークで彼女は１９８４年に世界で最初の「ブティックホテル」であるモーガンズをデザイン設計することにより、ホテルビジネスの現代的なビジョンをクリエイトした。彼女はまた、世界中のビンテージデザインホテル、高級レストラン、閣僚大臣や有名デザイナーのオフィス等をデザインし、世界的なデザインのアイコン、フランスデザイン界の宣伝大使となった。

プットマンの成功は、ルーアンの美術館からボルドーのホテルやレストランまで、グッゲンハイムからセビリアの万国博覧会まで、エール・フランス・コンコルドからピーター・グリーナウェイの映画セットなど、折衷主義を積極的に取り入れることを実践していったことからもたらされている。単にゴテゴテとした折衷主義ではなく、実用的な調和の中にデザインの両極端の物体やイメージを入れ込んで、それでもプットニア的な特徴あるサインを忘れないという芸当は、多分他のデザイナーには無理だったと思う。

晩年には、ヴーヴ・クリコのシャンパン・バケット、ポルトローナ・フラウの革製家具をデザインし、ルイ・ヴィトンの伝説的なスティーマーバッグをリデザインした。インテリアの実績に関しては、製薬大手のノバルティスのオフィスビルや、シャンゼリゼ通りにあるゲランの旗艦店も彼女の手になる。

１９９０年以降、彼女はパリのアンヌ・フォンテーヌのブティックスパ、ブリュッセル、ダブリン、マイアミ、パリ、ローマ、神戸、上海、テルアビブの豪華なプライベートレジデンスをデザインし、アリエル・ドンバール（フランスで活躍する女優）のためにタンジール（モロッコのスペイン寄り、崖にある別荘地帯）の崖にしがみつくように建てた崇高な家は有名だ。常にモダニティの最前線にあり、その名を冠した２６階建てのホテルレジデンス、ザ・プットマン・ホテルを含む2つの超高層ビルは、アジアホンコンのデザインビルとして有名であり、この流れの中で、港町神戸の高級レジデンス、オーキッドコートもデザインされ、世界に名を知らしめた。

プットマンデザインのものは、２０２２年現在でも多く購入することができる。フランス語の検索サイトでプットマンの名前を入れれば、いくつか購入可能なものが出てくる。クリストフルのプットニアカトラリー、エルメスのプットニアスカーフ、ルイヴィトンのプットニアバスケットなどは市場に出ているものがなく、時々オークションなどで売買されているが、なかなか価格も高く落札は難しい。

アンドレ・プットマンのパリのロフトは２０２２年に４４５万ドルで買い手を探していた。１９７８年にフランスのデザインのアイコンによってデザインされたロフトは、サンジェルマンデプレにあり、広さは１５６㎡で、日本円が１３０円だとすると、約５億７千万円で売りに出たことになる。不動産業者から掲載許可を得た説明文を、ここに記しておこう。

Andrée Putman はかつての印刷工場を空中ベランダのあるパリ初のロフトの１つに変えました。インテリアデザインと建築の著名な人物である Andrée Putman は、フランスでロフト熱狂のパイオニアです。1970 年代の終わりに、彼女はかつての工業用スペースを居住スペースに再開発するために割り当てた最初のフランス人デザイナーでした。その場所の精神とその空間的性質に魅了され、非常に柔軟に使用できるようになり、彼女は 19 世紀に建てられたこのかつての印刷所を、明るく開放的で空中庭園のあるモジュラー式のレセプションアパートメントに変えました。

アンドレ・プットマンは、2013 年に彼女が亡くなるまで、この特別な場所に住んでいました。この場所は、ドイツのファッション写真家ピーター・リンドバーグによって購入され、部分的に改装されました。

パリの６区、サン ジェルマン デ プレのエレガントな住宅街に位置するロフトは、オテル ド コンラン カリニャンを含む２つの美しい 17 世紀の建物によって通りから保護されています。

Architecture de Collection が販売するこのロフトは、１階に大きなオープン プラン エリアがあり、頭上のガラス屋根の下のラウンジ エリア、南西に面した中庭を見下ろす大きなガラス屋根で照らされたワークショップ オフィス スペース、区切られたベッドルームがあります。隠蔽可能な内部のガラス屋根、長さのあるバスルーム、水の部屋。

上階には、ガラス屋根の下のキッチン、収納、ガーデン テラスへのアクセス、パリの中心部で平和と静けさを提供する空中の庭園があります。

この建物は、2013 年に有名なドイツ人写真家ピーター・リンドバーグによって購入されました。彼はそこでいくつかの変更を行いました。特に、もともと完全に白く塗られていた天井の一部を取り除き、寝室の拡大と分割を行いました。

ロフトリビングのパイオニア、アンドレ・プットマンに注目しましょう。

場所の内部レイアウトは、あたかも自然光によって彫刻されているかのように、材料の剥ぎ取りとボリュームの自由を通して、モダニズムの冷静さの形を描くそのスタイルと完全に一致しています。この洗練された環境には、時間と旅の中で発掘されたプットマンの折衷的なオブジェクトのコレクションが収められています。

6区の中心部、静かなエリアにある美しい17世紀の建物の最上階には、19世紀の印刷所のワークショップがあり、その共用エリアはアンドレ・プットマンによって再設計され、頭上のガラス屋根の下のラウンジエリア、南西に面した中庭を見下ろす巨大なガラス屋根で照らされたワークショップ兼オフィススペース、隠し可能なインテリアで区切られたベッドルームからなる大きなインダストリアルスタイルのロフトスペースがあります。

上層階には、ガラス屋根の下の現代的なキッチン、収納、西と南に面したテラスガーデンへのアクセスがあり、対面せず、完全に静かです。金属製の階段は、テラスの床に簡単に拡張できる専用エレベーターと同様に、各レベルに対応しています。
　ワインセラーがこの邸宅のセットを完成させます。
（Architecture de Collection 社の販売サイトより）

　どうです？ オーキッドにお住まいの方なら、このプットニアロフトの紹介文と自分の専有住戸との共通点を感じる方も多いのではないでしょうか。
　静けさを重視していることや、庭園（ベランダ）の空間が生活動線にあること、そして「自然光によって彫刻されている」空間！ さすがフランスというしかないこの表現を、ご自身の部屋で感じているのではないかと思います。
　外の景色はもちろん、庭園も自然の太陽光もその光の香りと同じように生活空間に感じられる家、オーキッドの専有住居部にはその仕掛けが多い。共用部にそのような光の彫刻を表現する建物は多いが、専有住戸部に入ってきてもそれを感じながら生活できるのは、多分関西ではオーキッドしかない。
　１９９２年に竣工したオーキッドのデザインは、１９８８年から１９９０年にかけてデザインされたようだ。後に述べるチャールズ・ムーアの設計スケジュールからして、その時代だと思う。１９７８年、彼女はEcartエージェンシーを設立して、ティエリー・ミュグレー（パリ、１９７８年）、イヴ・サン・ローラン（全米で１５軒、１９８０年～１９８４年）、カール・ラガーフェルド（パリ、ニューヨーク、トロント、メルボルンのショップ１９８０年～１９８５年）などの有名なファッションデザイナーのブティックをデザインし建築していた時期と重なる。そして、それらファッションデザイナーのショップ設計の延長で、１９８４年にニューヨーク・モーガンズホテルのデザインをした。１９９０年には、１８６８年に建設された給水塔を改造したドイツのケルンにある円形のヴァッサートゥルムホテル（１９９０年）を設計デザイン、最後に、神戸のオーキッドコート（１９９２年）をデザインしたという時代だ。

モーガンズホテルの後、１９８５年から１９８８年頃まではホンコンのプットマンホテルの設計デザインに忙しかったようで、これ以外の作品があまりない。これは想像だが、プットマンはこの時、頻繁にホンコンや東京などのアジアの都市を行き交っていたと思う。なぜなら、１９９３年に採用（ということは、デザインコンペは１９９１年から１９９２年にかけてあった）されたコンコルドの室内デザインを、「東京の清潔なタクシーのシートに白いレースのヘッドレストカバーがついてるのを見て、狭い室内でも清潔で快適な空間にはこのデザインが一番」と思い、それをコンコルドデザインコンペに応募したという記録がある。

ひょっとしたら、オーキッドのデザインのためにパリから香港、東京、京都、神戸を何度も往復していた時、この東京のタクシーの経験をしたのではないだろうか？ オーキッドもまだ建設計画の段階で、この時代プットマンは世界的な建築デザイナーとして飛ぶ鳥を落とす勢いのまま、オーキッドのコンセプト、デザインに関わった。

思い返せば１９８７年のブラックマンデーの後、１９８８年か１９８９年、つまり彼女が香港のプロジェクトに忙しかったであろう時期に、このプットマンさんに会っていた。最初は、確かパリのプラザアテネで、東洋郵船の横井さんがパリ郊外の古いお城を買った時に、その将来のデザイナー候補として食事をした。当時はバブルで、日本人がこぞってフランスの古城を買っていた。例のイ・アイ・イの高橋治則さんは古城を買って解体して日本に持っていき、ゴルフ場のクラブハウスとして再構築するなど、今の古家ブームのさきがけみたいなことをやっていたし、こうしたオーナーのお伴に、ＪＰモルガンのプライベートバンクの若造オフィサーとして通訳兼小間使いとして同伴させていただいた時に会った。

覚えているのは、ニューヨークのモーガンズホテルのデザイナーという話からだ。モルガン銀行の創設者ジョンピアポントモルガンの美術館がこのホテルの近くにあって、そこからこのホテルの名前が決まったという話は有名で、プットマンがモーガンズホテルのデザインをしたという自己紹介から入ったので、私はそのＪＰモルガンの社員ですというような会話から話が弾んだ。そういう記憶しか残っていない。

モーガンズホテルはマディソンアベニューの３８か３７ストリート界隈で、当時マディソンの７３に住み、ホテルピエールで朝食をしょっちゅうやっていたのも、プットマンがよくこのピエールに投宿した経験から話が合った。そこも、今やデザインホテルブティックホテルの立派な一員だが、その先駆けがこのモーガンズホテル、プットマンデザインのものだとその時初めて知った。当時はしかし、プットマンというフランス人にしては珍しい名前を覚えた記憶はなく、このモーガンズホテルのデザイナーということでしか記憶になかった。それに、デザイナーというのになんだかえらいおばあちゃんだなあと思った。確かこの頃は、もう６０歳くらいになっていたのではないかと思う。そんな人がホテルの先端デザインをやったというのが不思議でならなかった。

彼女との会話でもう１つ覚えているのが、「デザインは金を気にしていてはできない」とはっきり言っていたことだ。わかりづらいフランス語で、謙遜した表現もたっぷり使いながら「ル フェール ド フィナンシエール エ タフェール ドュ デジーニュ」と言われた気がする。最初、何言ってるかわからなかったが、そのうちしびれを切らして、この孫くらいの偉そうな小僧で日本人の成金の手先に「ノーマネーノーグッドデザイン」と言ってきたのでやっとわかった。

その後、そうだそうだということになり、ＪＰモルガンの有名な話、「維持費が気になるなら、ヨットを持つ資格などない」と言っていた話になって、２人とも意気投合した記憶がある。が、横井さんには気に入られなくて不採用になった（もともと横井さんはどちらかというとお金には厳しいほうだったので、当然の成り行きだった)。

で、このデザイナーの祖母くらいの年齢のご婦人と２回目に会ったのは、ロンドンを拠点にしたデザイナー、キャサリン・ハムネットのパーティーの時だった。キャサリンが１９９０年の初めに自分の映画を作ることになり、パリのモデルを集めたキックオフパーティーの時に多くのモデルやデザイナーの中にいた。当時、ファンドの資金でこのキャサリン・ハムネットのアジア販売権をディールしていた時（ＧＣＯという会社を買収してアジアの権利を各地の商社に分割して販売するプロジェクトで、最後は我が日商岩井ではなく伊藤忠商事がまとめて買ってくださった）で、キャサリンとは何度も会っていた。

プットマンに会った時には、キャサリンのパーティーではいつもそうだったがかなり酔わされていて、酔っぱらったアジアの小僧を心配して、「キャサリンに食われないように見張るんだ（フランス語で、ヌ パ ゼテ ドラゲ)」と笑って言っていた。この２人、雰囲気がよく似ていた。酒をがぶ飲みし煙草をひっきりなしに替えるところなど、キャサリンがプットマンさんの生き方の真似をしているのかと思うほど、そっくりだった。そして２人ともだみ声。

この時、すでに１０歳ほど上のキャサリンとはいい感じの関係で、「いくつものグラスを重ねるとワインの味がだんだんわからなくなる」と言うアジアの小僧に、「そういう時は自分の肌の匂いを嗅ぐのがいい」と教えてくれたりもしたが、酔ってキャサリンが差し出す腕の上のほう、二の腕の付け根くらいのところにわざと鼻を摺り寄せたりしていた時期だった。そんなインティームなじゃれあいをしていて、プットマンさんが笑って制止するので、「ああ、このおばあちゃんデザイナーには見抜かれてんなー」と思ったのを記憶している。

キャサリンもこの祖母のような年齢のプットマンさんもヘビースモーカー、底なしの飲んべいだった。煙草と体臭の中に、ほのかな香水の香りをさせていたのも同じ。この時のパーティーでは最後にキャサリンのパリの家で酔いつぶれて寝ていた。２０代後半のアジアの小僧は、この２人が似た者同士なのを感じていたし、その後プットマンがキャサリンのデザインしたキャサリンブルーのドレスを着て写真に写っているのを見て、実はこの２人、仲が良かったのではないかと今でも思う。

当時はまだオーキッドコートなる物件もなく、彼女がアジアに行くのは香港のホテルのデザインなどの話だろうかと想像したりもしていた。香港には今でも、アイコニックなプットマンハウスなるホテル兼高級レジデンスがある。なので、オーキッドコートのデザインが新しく古い、芸術の結節点で、日常を刺激するその理由や発想のおおもとを聞くチャンスはなかった。

キャサリンはこの時、確か４０歳くらいでプットマンが６５歳、強烈なキャラクターのデザイナー２人が、ある客に「２人ともアバンギャルドの代表だ」と言われてめちゃくちゃ怒っていた。

アバンギャルドは直訳すると「見ているもののその向こう」で、日本語では「前衛的」とか「未来的」なものと訳される。ファッションに限って言えば、コムデギャルソンやアニエスベーがその先端と言われていた時代で、そう、あの真っ黒な黒づくめのギャルたちのスタイルがそれだ。キャサリンやプットマンらに言わせると、あれはデザインではなくて「ノワール（黒）」という色だという。ここまでは確か、２人は同じ意見だったが、「ではデザインの源泉はどこか」と問われ、キャサリンは「思想だ」と言ったのに対して、プットマンは「セ ジュメーム（私自身だ）」と主張し、２人はここで道が分かれたと記憶している。

確かにキャサリンは、ハムネットブルーにしてもハムネットショールにしても、自然回帰とか平和への願いとかデザインに思想を語らせようとしていたが、プットマンは自分の生活や実用とデザイン芸術の結節点を、主張せず暗黙のうちに探していたようなデザインだと思う。

現在のプットマンデザインオフィスのホームページにも、アンドレの紹介の最後に次のような彼女の言葉が掲載されている。

I like the beautiful and the useful, and even more the beautiful in the useful.（使い勝手があって美しいものが好き、でももっと好きなのは、使い勝手の中にある美しさが好き）

この言葉の解説はしない。その通りだと思う。だから、オーキッドのデザインの中にいろいろな芸術のアウトプットをちりばめながらも、そこに生活する人の便利さや活力を維持するのに工夫が凝らされているのがわかる。

プットマンはまた、「デザイナー不在のデザイン」を目指しているとも言っている。デザイナーのエゴで自身のトレンドを押し付けるのではなく、むしろ時が経っても永遠に変わらない美しさを作り出す作業がデザインだと言う。

そして、蘭倶楽部にはブルーベルベットのオーキッドベンチやコーヒーテーブル以外に、まだ彼女のデザインの真髄が見えるものがある。それは、パーティション。ソファーのラウンジと、テーブルの並ぶダイニングコーナーを仕切るのが、ソファーにしつらえられた先述の半円形のテーブルと同じ半円形のパーティションだ。テーブルも椅子も直線的、しかしその空間を仕切るものは半円形の丸で、天気図の中の温暖前線のように半円というか弧が連なった半透明の仕切り板である。これには最後までデザインに気を抜かないぞという意気込みというか深淵を感じるし、ミニマルなお茶を飲むすぐ手元にも、部屋全体にも直線と円弧という２つの美が使い勝手の中に押し込められているのがわかる。

そしていつも感じるのは、この半円形のパーティションを通じて観る向こう側の人の動きがなんとパリっぽいのかということだ。東京であれば、多分プリズムかステンドグラスを通じて向こうの人の形などはそのまま目に飛び込むが、色が変わっているとか少し曇っているとかという程度だが、パリやニューヨークのデザインホテルやクラブで見るのはこのオーキッド蘭倶楽部で見るくねくねとゆがんだ人の形だ。これを見るたびにパリの古い工業化される前の窓ガラスを通じて見るカフェやクラブの様子を想像してしまうのは、多分私だけではないと思う。

細かなことを見ていけば、こういうトリックというか異質対照の美や歪曲の美、ごった煮の美などがオーキッドのあらゆるところに詰め込まれている。廊下の柱廊が高くて四角い形に整然としているのは、イタリアのピアッツァなのに、その表面はカラーリングでなく御影石という自然色、庭には代々木公園やロンドンハイドパークやニューヨークのセントラルパークのように広い芝生で自由に遊べる空間があったと思えば、遊歩道をしつらえた日本庭園のような回廊で侵入を憚れる庭園もあり、ベルサイユ調の人工的なというか人の意志こそ自然に優先するという確固たる西洋文化を見せられたかと思えば、その隣に日本的な桜の山、自然の小川を思わせる渓流を作っている。そうかと思えば今度は、滝の下にはだんだんと階段状に水が落ちていくタイル張りの人工的な勾配（水の流れできらきら光るタイルを見てシャンパンタワーを思い出すのは不謹慎だろうか？）、極めつけは、その滝である。滝は自然の落差のようで、上部に浅い池をしつらえ、そして、滝の裏に回れば、大きな窓がある通路から滝の落水の裏側をじっくりと眺めることもできる。自然は人工的で、人工的なものは自然にある。

プットマンの調和と対立、そしてそうした相克が調和して住人の快適な生活の優美な便利さにまで昇華されている。だからこそオーキッドの住人は、このうちのどれかを切り取って「はい、自然の庭園です」と言われて、だだっ広い芝生の庭だけを見せられても物足りなさを感じるし、「日本庭園です」と言われて桜の山があっても、一方で広い芝生の庭を望んでしまう。

自然の渓流を見ても、日比谷公園のずば抜けた人工的噴水をどこかで思い出すだろうし、蘭倶楽部のデカダンスな雰囲気の中で逆に日常の子供たちとの戯れの「ヌーバ」なお茶会をしたくなる、ベルサイユ調ですと言われる窮屈なフランス家具やフランス窓の一戸建てを見ても物足りなさを感じるし、一方で今流行の無垢材の木と艶消しの黒の壁や柱を見ても、ついついデコラティブなアートの必要を感じる。

ひょっとしたら、ここをデザインする時に、プットマンは久原さんが一時期所有していた「二楽荘」の異常な文化の混在の仕方を何かの資料で観たのだろうか？ それとも、日本のこの地に彼女の言う「文化の混在」「生活と芸術」結節点たる彼女の理想のレジデンスを作ってやろうと思ったのだろうか。

プットマンさんに言いたい。あなたはオーキッドでこんなにもわがままで贅沢な感性を持った住人を何人も作ってしまったんですよ、この贅沢さはどこに行っても味わえるものではない。そう、だからオーキッドの住人の多くの方はしょっちゅう旅行に行っている。どこに行ってもオーキッドのどこかの情景を思い出して「懐かしさ」を感じ、どこに行っても「アットホーム」なふるまいのできる住人になってしまったと思う。

だから、オーキッドでは住み始めた最初「不安定な」感覚を持ち、どこかに贅沢になれない自分を感じるが、そこでの暮らしが当たり前になってくると、不安定さが「心地よさ」に代わり、そして、ついつい同じような不安定な心地よさを求めて旅行に行きたくなる。

両親がオーキッドに住まい、自分はニューヨークに拠点を置いていた時、帰ってくるたびに一挙にニューヨークに呼び戻される。あの1階の「去来花」というかつてオーキッドにあったレストランで、両親とシャンパンと一緒にウニのパスタを食べるたび、ここにいればわざわざニューヨークに来なくてもいいよ、と言っていたのを思い出す。ニューヨークに来てもそこには似たような贅沢しかない。でも、それは旅する住人にとっては逆にどこでも「安心」し「安定感」を持てるというコスモポリタン的感覚の裏返しでもあるのに気が付いたものだ。

多分、プットマンさん、あなたもそういう感覚の中で生活していたんでしょうね。それは、めちゃくちゃ現代的で裕福な贅沢ですよね。プライベートジェットで気が付いたらニューヨークとパリが隣り合わせの感覚を持つこと、これを彼女は生きていたんだと思う。

そう言えば、あのニューヨークとパリやロンドンを3時間で結んだ「コンコルド」の内装もプットマンがデザインしたものの1つだが、コンコルドの椅子は革張り、グレーの分厚いぶっとい感じであるのに、ヘッドレストの部分で急に薄くなり、わざわざヘッドの部分だけカバーがしてある。そこだけ「デザインはここよ」と言っている雰囲気だった。当時コンコルドでモーガンズホテルと同じデザイナーが手掛けたということを機内の雑誌で読んだような気がする。で、その時思ったのは、そうか、モーガンズホテルってニューヨークというより世界の贅沢という感じだな、今のオーキッドを見渡して思うのと同じコミングルの心地よさは世界共通で、多分ニューヨークモーガンズにいても、パリのリッツやプラザアテネにいても、ロンドンのドーチェスターにいても、ジェットセットと言われる富裕層は同じスタイルで生活し、同じ感覚で安心し、同じ食生活や運動をして過ごすんだろうなと若いなりに納得をした。

どんな環境にいても自分の生活のスタイルをキープする、キープできる贅沢さだ。いちいち旅行に出て自分のスタイルや習慣を変えなくても済むもの、それがどうもプットマンが考えたブティックホテルの概念だったと思えてしょうがない。だからこそ、このオーキッドコートで暮らすことはそれと同じ、規模の大きなブティックホテルに住んでいるようなものと言えないだろうか？ 自分の生活やスタイルを確立できない人には、その価値は見い出せないと思う。

同じようなわがままな話を、ソフトバンクの孫さんから聞いたことがある。最初に彼が太平洋を横断できるガルフストリームを買った時、「これ使えないんだよな、日本へ行く時は４日も前に大使館に届け出しないといけない」とぼやいていた。日本とアメリカの往復が日常的な孫さんは、最初の事務所を成田に行くリムジンバスに乗りやすいからと箱崎に作ったのと同様、ガルフを買ったのはもっと気やすく太平洋を渡りたかったのに、日本の航空法の壁で行きたいと思ってもその日に飛べないことがものすごく不満だったようだ。だから一時は羽田において自分はキャリアの飛行機で太平洋を渡るようなこともしていたが、最後はブチ切れてそのガルフで世界中を回る方向に気持ちが行った。その延長で、ビジョンファンドなる世界のお金持ちの資金を預かって将来のベンチャーを育てるという方向に行ったのだと思う。まずはプライベートのガルフストリームありき、そこから発想が地球規模になり、ビジネスも膨らんだ。

同じことがこのオーキッドでも起こっていると思う。オーキッドのオーナーになることで、蘭倶楽部のバーやいろいろな機会に住人同士の会話も弾む。そういう私も、何人も若い小僧時代にプライベートバンカーとしてお世話させていただいた方々のご親戚や会社関係者がここに住んでいるのに驚いたこともあるし、日常がホテルライク、普通のホテルではなく、世界共通のブティックホテルでの生活があることで、いつでも気軽に海外へ飛べる雰囲気がある。ニューヨークやロンドンの我が家と、ここオーキッドはつながっている。この感覚こそ、プットマンが住人にもたらしたブリッジ、そしてギャップのデザインだったと思う。

プットマンは、オーキッドの成功の後、１９９７年にインテリアアーキテクチャー、デザイン、舞台美術のエージェンシーであるStudio Putmanを設立し、その他の有名な開発プロジェクトを進めながら、日用品や家具を作成した。このエージェントは、２００７年に娘のオリビア・プットマンに引き継がれる。プットマンは、インテリアデザインの殿堂賞（ニューヨーク、１９８７年）やグランプリ・ナショナル・デ・ラ・クリエーション・インダストリエル（パリ、１９９５年）など、数多くの賞を受賞した。彼女のその後の作品の中で異色なのは、ピーター・グリーナウェイの１９９６年の映画「ザ・ピロー・ブック」のセットだ。それ以外にもプットマンは、照明、食器、ファブリックなどの家庭用家具においても独自のデザインを作成し続けた。２００１年にはAndrée Putmanという名前の香水をリリースし、現在でも引き継がれている。

２０１３年に姿を消したアンドレ・プットマンは、要求の厳しい、常に前衛的な作品で数々の賞を受賞した。２００９年にパリのオテル・ド・ヴィルで、２０１０年に建築学会賞をとり、彼女自身がレイアウトをデザインしたボルドーのＣＡＰＣ（ボルドー現代美術館）で表彰された。

ボルドー現代美術館は、国内および国際レベルでの主要な文化的プレーヤーであり、年間を通じて豊富な期間限定の展覧会とパフォーマンスのプログラムを提供しています。歴史的建造物：Entrepôt Lainéは、１８２４年に建てられ、１９８４年から１９９０年の間にデザイナーのAndrée Putmanと協力して、建築家のDenis ValodeとJean Pistreによって改装された空間で、元は植民地時代の食料品の倉庫でした。CAPCは、現代美術の特異なビジョンを共有しています。象徴的な作品をめぐる多様な美的体験を訪問者に提供します。

（ウィキペディアより）

最近では、ヴーヴ・クリコのシャンパン・バケット、ポルトローナ・フラウのレザー家具、ルイ・ヴィトンの伝説的なスティーマー・バッグもあるのだから、世界を旅して贅沢なオーキッドの住人はそうしたプットニアな小物や先に書いた香水などもオーキッド蘭倶楽部などで自然に使えたり買ったりできればいいのにと思う。

アンドレ・プットマンの代表作――

・Morgans hotel 1984

ニューヨークモーガンズホテル。現在、ホテルレジデンスとして使用。

・Saint James club 1986 paris

パリ・サンジェームス・クラブ。ホテルラウンジ。

・Wassertum hotel Cologne 1990

ドイツ。ケルン・ヴァッサートゥルム・ホテル。

・Hotel orchid Japan 1992

日本。ホテル・オーキッドコート（なぜかホテルとして記録されている）。

・Sheraton hotel 1995

シェラトン・ホテル。パリ、ドゴール空港内。

・Jack lang 1984

パリ。フランス文化大臣の大臣室。

・Hotel de regiaon Bordeaux 1987

ボルドー・ホテル・リジョン。

・Villa turque la chaux de fonds 1988

スイス。ビラ・トュルク・コルビジェ設計の内装。

・Office for ministry of finance bercy 1988

パリ。フランス財務大臣の大臣室。

・Total la defense paris 1994

パリ・デファンス地区景観全体。

・Hotel du department des bouches du rhone Marseilles 1994

マルセイユ・ホテル。

・CAPC Bordeaux 1984

ボルドー現代美術館。

・Muse des beaux arts roune 1984

ルーアン美術館。

・French pavilion EXPO 92 seville 1992

９２セビリア万博のフランス館。

・Monaco le bureau restaurant 1994

モナコ観光局事務所。

・Salon for azzedine Alaia paris 1985

パリ・アライア・サロン。ブランドショップ。

・Thierry mugler paris 1978

パリ・ティエリー・ミュグレ。ブランドショップ。

・EBEL London 1987

ロンドン・エベル。ブランドショップ。

・EBEL new York 1989

ニューヨーク・エベル。ブランドショップ。

・Carita institute pari 1988

パリ・カリタ機構事務所。

・Balenciaga salon paris 1989

パリ・バレンシアガ。ブランドショップ。

・George rech London 1991

ロンドン・ジョージ・ラッシュ。ブランドショップ。

・Connolly London 1995

ロンドン・コノリー。ブランドショップ。

・Et vous paris 1994

パリ・エブー。ブランドショップ。

・Bally Zurich 1993

チューリッヒ・バリー。ブランドショップ。

・ISY beachot gallery1991

パリ・ISY ギャラリー。画廊。

・LEE paris 1994

パリ・リー。ブランドショップ。

・Metropolitan tower new York 1985

ニューヨーク・メトロポリタンタワーのロビー。

・James Brown apartment 1992 paris

パリ。ジェームス・ブラウンの邸宅。

・Karl Lagerfeld apartment 1982 rome

ローマ。カール・ラガーフェルドの邸宅。

・Karl Lagerfeld studio paris 1993

パリ。カール・ラガーフェルド・スタジオ。のち邸宅。

・Taubman Detroit 1984

デトロイト。トーブマンの邸宅。のちブランドショップ。

・Didier grumbach paris 1986

パリ。グランバッハの邸宅。

・Hunt residence san Francisco 1982

サンフランシスコ。ハントの邸宅。

・Rosenberg apartment new York 1986

ニューヨーク。ローゼンバーグの邸宅。

・Michel Guy apartment paris 1983

パリ。ミッシェル・ギの邸宅。

・Cristoph von weyhen apartment paris 1988

パリ。クリストフ・ボン・バイレンの邸宅。

・Jean paul gordie paris 1992

パリ。ジャンポール・ゴルティエの邸宅。

・Christofle vertigo collection the magic ring

クリストフル・マジックリング

・Lo sushi 2003

パリ。ロスシ。レストラン。

・Ritz carlton Wolfsburg 2000

ヴォルフスブルク。リッツカールトン全体。

・Hotel pershing hall paris 2002

パリ。ホテル・パーシングのロビー。

・Gildo pastor center Monaco 1996

モナコ。ギルド・パストロセンター。

・Manor hause paris 2003

パリ。マナーハウス。

・Chrles Jourdan 1991

シャルル・ジョルダン。靴。

・Barennsiaga villa Switzerland 1987

スイス。バレンシアガ・ビラ邸宅。

・UN plaza new York model room

UN プラザ・モデルルーム内装。

・Ministry of education 2001

フランス教育大臣室、およびその前のロビー。

（フランス文化省資料より）

プットマンデザインのフランス文化省大臣室。通称ジャックラングの部屋。手前の半円形の来客用コーヒーテーブルがサイズ・カラーを変えて、オーキッドクラブのテーブルの原型になったと聞く。

オーキッドはいつでも世界に飛んで行ける翼を提供してくれる。今度はその翼でカリフォルニアへ飛んでみよう。

４．チャールズ・ムーアの気配り

チャールズ・ムーアをオーキッドコートの建築家に指名したのは、誰か？

１９９２年のオーキッドコート竣工の１０年前、１９８２年に三井不動産の社長だったのは坪井 東、しかし当時から会長そしてほとんど死ぬまで相談役だった江戸英雄の影響力は強烈だったことを考えると、チャールズ・ムーアでいこうと決心したのは江戸ということになる。そして、江戸の功績の１つに東京ディズニーランドがあることを考えれば、いかにもこのディズニーとの付き合いが、オーキッドコートの設計士にチャールズ・ムーアを呼び寄せたきっかけになったものと思われる。開発に関わった叔父や古い三井不動産の知り合いに聞いても、この推測を否定するコメントは受け取ったことがない。多分、間違いないと思う。

チャールズ・ムーアの資料を読み解くと、California's major contribution to cities was Disneyland（カリフォルニアの価値に大きく貢献しているのは、ディズニーランドだ）と言っている。また、ムーアの設計士としての根っこがカリフォルニアにあり、ＵＣＬＡや市のシティセンターなどの設計遺産を多く残していることからも、ディズニーの関係者がムーアに関心を持っていたのは間違いないだろう。

オーキッドの住人の方なら気が付かれた方も多いのではないかと思うが、一番南の「湖南館」１階の通路がまるでディズニーランドのアトラクションに向かう通路にそっくりだということからも、この推測が正しいという気がする。

ブルーグリーンという、日本ではなじみのない深く明るいグリーン（このブルーグリーンを採用したことにはプットマンも反対ではなかったと思う。なぜなら、プットマンが着ていたキャサリンのブルーもこれに近かったから）で統一された洞窟のような通路、床には「パイレーツ・オブ・カリビアン」にあるようなごつごつしたハイヒールでは少し歩きにくい不正形なタイルが張られ、外気に触れる廊下のデザインとしてはディズニーのアトラクションやショッピングセンターの渡り廊下以外ではかなり珍しい腰板も、同じブルーグリーンが配されている。

ここを通るたびにいつも、ディズニーのどこかのアトラクションに向かうようなわくわくした感じがある。その通路から数段階段を上って初めて向こうに見える庭園や池のほとりに到達できるのも、穴倉風通路というアトラクションを感じさせる。

想像であるが、当時の三井不動産の江戸さんかもしくはディズニーの開発担当者が、東京ディズニーランドの建設に関わって知人になったアメリカ人の建築家かそのたぐいの人間に多分「高級レジデンス」「ブティックホテル」の開発に適当な建築家はいないかと聞いたのではないだろうか？ その回答の中に、チャールズ・ムーアがあったような気がする。このクラスだから、設計のコンペは行われたと思うが、ディズニー関係者の紹介でムーアが参加したのは間違いないだろう。それほど、ムーアとカリフォルニアは縁が深い。

ムーアの代表作に「シーランチ」がよく上がるが、当時コンペでそれはあまり参考にならなかったと思う。なぜなら「シーランチ」は、確かにムーアの自然に溶け込んだデザインではあるが、彼が３８歳だった１９６３年の作品で１９８８年頃、６３歳に設計が始まったであろうこのオーキッドコートの設計時代とは隔たりがありすぎる。

２０１７年頃、このシーランチが売りに出ていたので調べたことがあるが、中身は木造でいびつ、奇をてらったデザインで、安定感もなく、到底チャールズ・ムーアの作品という気がしなかった。しかし、台地にめり込んで自然の流れを邪魔しない建物全体のデザインの中に、細かな部屋や内装の構造を凝らしたこのシーランチ全体の意匠はチャールズ・ムーアをよく知るようになると、さもありなんというデザインであることに後で気付いた（このことについては後述する）。

カリフォルニアでランチと言えば、牧場付きの邸宅という意味で、「シーランチ」とは海辺にあり、牧場はないが海がそれだという主張で作られたのは理解できるが、あまり建物自体に魅力はない。実際に調べてみると、設計当時、開発業者から狭い部屋の箱の集まりだから一旦工事を中止して設計をやり直せと指図があったことがわかったが、それもうなずける。せっかく広大に広がる海を前にして、窓もほとんどなく小屋のような部屋の寄り集まりではもったいないということだろう。

逆に「シーランチ」以降は、チャールズ・ムーア設計の建物には「大きな窓」というか「ガラスの壁（ガラスのカーテンウォール）」が多用されるようになる。自然との調和は部屋の中にいる住人もそれを感じながら暮らせる環境であるべきで、自然の光が空間を切り分けたり統合したりするというデザインにシーランチ以降設計の思想が変わったのがはっきりわかる。オーキッドコートにもガラスのカーテンウォールは多用されている。

世界中のディズニーランドの中心にあるシンデレラ城の色合い、薄いベージュに屋根がブルーグリーンというのは、オーキッドの建物と同じだ。同じ銅板吹きで屋根が自然の緑青でも、皇居や明治神宮本殿は壁が日本的な白壁というところが違っている。東京のディズニーランドホテルなど、西洋の城をモチーフにした建築の緑青に壁の薄いベージュというデザインは、同じ屋根の西洋建築の原型だ。もともと天然石などを切り出した本物の石の壁の色がこの薄いベージュで、屋根は緑青（銅板の自然な錆の色）という組み合わせはヨーロッパの城の典型。ディズニーがそれを模倣したところが、ムーアの言うカリフォルニアへの最大の貢献になったという考えが面白い。

だから、ムーアがオーキッドを設計した時に、カリフォルニアを住吉・岡本に読み替え、ディズニーをオーキッドに置き換えたフレーズが頭にあったのではないかと思う。「住吉・岡本の住宅地としての価値に大きく貢献しているのはオーキッドコートだ」と。そういう地域全体に影響を与え続けるようなアイコニックなランドマークとなる開発を、ムーアはオーキッドでやり遂げた。

この発想を持ってみると、確かにムーアの設計したカリフォルニアビバリーヒルズのシビックセンター、ＵＣＬＡのハースビジネススクール、サンタバーバラキャンパスなど、すべてにおいてプロトタイプというか、ディズニーの解放感とヨーロッパ建築の重厚感がミックスされて、街全体の景観や価値に大きく影響している建物というより景観全体の設計がなされたケースが多いのに気が付く。

実際にオーキッドコートの外観を真似たような建物は、住吉・岡本など近隣に多い。屋根が本物の緑青・錆の色とまでは言わないが、緑そして外壁が淡いベージュのヨーロッパのお城調のオーキッドそっくりな塗装を施したマンションやビル、個人の家などがこの住吉・岡本界隈にはいくつも存在する。区役所ですら、上から見ると「ちゃんと」緑に屋根は塗装してあり、オーキッドの外観に似せている様子がわかる。ＪＲの住吉駅に直結したタワーマンションもオーキッド風の塗装だ。

ムーアは本場ヨーロッパ、それもお城文化の発祥の地ドイツのベルリンに「TEGEL HARBOR HOUSING」という巨大なプロジェクトも設計している（多分、オーキッドと同じかそれより少し大きな用地にいくつものコンプレックスを同じデザインで配置している）。

このテゲル・ハーバーという水辺の邸宅群は、湖面を挟んで見るとオーキッドコートとそっくりである。まるで、双子のように同じデザインが使われているのに気が付く。

チャールズ・ムーアは、こうした地域全体の不動産価値を左右する景観全体を設計するような大型の開発案件のみを設計していた。彼のキャリアは、どちらかというとプリンストン大学での博士号取得の後、建築家であると同時に教育者であるという立場だった。イエール・スクール・オブ・アーキテクチャーの学部長として、彼はロバート・ベンチューリとデニス・スコット・ブラウンを雇って教え、彼らのラスベガスのスタジオをサポートしたりしていた。だから、キャリア後半には一般住宅の小規模なプロジェクトは多分受けなかったと思う。

チャールズ・ムーアの経歴は、ムーア・ルーブル・ユーデル（後述）によると次のように紹介されている。

チャールズ・ウィラード・ムーア――

創設パートナー。影響力のある建築家、教育者、そしてムーア・ルーブル・ユーデルの創設パートナーであるチャールズ・ウィラード・ムーア（１９２５～１９９３年）は、その多様な範囲の開発や建物で有名です。

それぞれの建築がその場所、文化、歴史の流れの延長であり、その流れを表現する独自の役割や視点を表現しています。チャールズの人生と仕事は、世界中の何世代にもわたる建築家やプランナーにインスピレーションを与えています。彼らは、居住とコミュニティに対する彼の人間的な関心と、人間の精神を重要視した開発建造物を作ることへの彼の深い喜びを共有しています。

チャールズの大学での訓練はミシガン大学の学部時代にスタートし、飛び級の１６歳で入学し、１９４７年に建築の学士号を取得しました。

プリンストン大学では、１９５６年に美術の修士号を取得し、その後博士号も取得しました。また同じくプリンストン大学で、１９５７年に建築学の博士号を取得しました。１９５０年代後半にプリンストン大学で２年間教鞭をとった後、ムーアはカリフォルニアに移り、カリフォルニア大学バークレー校で教職に就き、１９６２年にプログラムのチェアマンになりました。

カリフォルニア州オリンダで制作されたシーランチで、チャールズは地元の伝統を深く掘り起こし継承し喚起し、内部空間の独自の表現により、建築界に地域の歴史や土地の由来を取り込んだ美術作品をもたらしました。１９６３年、彼はドンリン・リンドン、ウィリアム・ターンブル、リチャード・ウィテカーとパートナーシップを結び、サンフランシスコの北の海岸にある評判の高いこのシーランチ・コンドミニアムを設計しました。チャールズ・ムーアは１９６５年にカリフォルニアを離れてコネチカットに移り、イェール大学の建築学部長となり、ターンブルにある MLTW/Moore のニューヘブン オフィスを開設しました。

１９７０年代半ば、チャールズはカリフォルニアに移転し、ジョン・ルーブルとバズ・ユーデルとともにサンタモニカにムーア・ルーブル・ユデルの事務所を設立しました。ムーアは、カリフォルニア大学ロサンゼルス校の建築・都市計画学部のプログラム主任兼教授にもなり、そこでアーバン・イノベーションズ・グループ（ＵＩＧ）との仕事も始めました。１９８４年にテキサス州オースティンに移り、テキサス大学でオニール・フォード・センテニアルのチェアマンを務めました。チャールズ・Ｗ・ムーア・アーキテクトは、彼の到着後すぐにオースティンに設立され、後にムーア／アンダーソン・アーキテクツのパートナーシップになりました。ムーアは、センターブルックおよびアーバン・イノベーション・グループとの協議を続け、１９９３

年にテキサス州オースティンで亡くなるまで、ムーア・ルーブル・ユデルのパートナーであり続けました。

Moore Ruble Yudell のパートナーとしての Moore の受賞歴のあるプロジェクトには、ドイツのベルリンにある Tegel 住宅開発と Humboldt Library（１９８０～１９８８）が含まれます。

聖マシュー教会、カリフォルニア州パシフィック・パリセーズ（１９７９～１９８３）：シンガポールの Kwee House（１９８０～１９８５）：降誕教会、カリフォルニア州ランチョ・サンタフェ（１９８５～１９８９）：ユージーンのオレゴン大学サイエンス・コンプレックス（１９８５～１９８９）。エスコンディドのカリフォルニア芸術センター（１９８７～１９９４）。神戸西岡本オーキッドコート住宅（１９８８～１９９６）；およびスウェーデンのマルメにある Potatisåkern Housing（１９８８～２００２）。これらのプロジェクトにはすべて、歴史的にその土地・地域が果たした役割が強く表現されています。

ムーアは、ローマのアメリカン・アカデミーの建築家であり、グッゲンハイム・フェローシップを受賞し、40 以上のデザイン賞を受賞しています。１９８９年、ムーアは優れた建築教育に贈られるトパーズ・メダリオンを受賞しました。１９９１年5月、チャールズ・ムーアは、建築界の最高の栄誉であるアメリカ建築家協会のゴールド・メダル賞を受賞しました。建築史家のヴィンセント・スカリーは、建築家としてのムーアの技術は「単なる個人の才能ではなく社会全体の人道的な共同体の発明であり、何かのスタイルよりも社会的人類的な流れ傾向であり、知識による抑圧よりも壮大な癒しでもある」と述べています。

オーキッドの竣工の３年前にＡＩＡ（アメリカ建築家協会）ゴール

ドメダルを受賞する。丹下健三、安藤忠雄もこの賞をきっかけにして世界中で認知が広がった、アメリカ建築家協会の１００年に及ぶ歴史あるタイトルだ。

このゴールドメダルの受賞のきっかけは、ムーアの博士論文「水流と建築（Water and Architect）」とその実践であった。

先のベルリンのテゲル・ハーバープロジェクトもオーキッドコート・プロジェクトも水辺にある。ドイツの「テゲル」は大きな湖の湾にあり、オーキッドは住吉川という急流の脇にある。そして、オーキッドはムーアがイメージを作る前から久原邸として、住吉川の水を取り込んだ邸宅があった。

つまりムーアは、周到に水をテーマにした設計思想の実現に世界中でいそしんでいたのだ。

オーキッド現場でのチャールズ・ムーア

彼は、噴水や泉をよく作る。有名な Piazza Italiana（オレゴン州にあるイタリア広場）でも水は不可欠だし、オーキッドにも滝を作った。水と建築の相互作用は、チャールズ・ムーアと同時に国際的に高く評価されている写真家ハーブ・リッツによって世界に広まったと言える。

ムーアは洪水を減らし、水質を改善し、地質学的影響を人間の生活の活力にするために、急流という危険な水の流れを建築という方向から研究し、必然的に建築家の世界では、チャールズ・ムーアは、ベイエリア・アーキテクト、ランドスケープ・アーキテクト、ウォーター・アーキテクトと呼ばれるようになった。

オーキッドコートで、それはすぐにわかる。旧久原邸の北の端から湧き出る天然水を小川として流し、滝を経由して人工的なきらきらする噴水のような情景を作った後は、自然の小川として流れ、最後の池「ブロードレイク」に蓄えられる。

オーキッドでは、この水流や滝、それに池の水に水道水は一切使っていない。また、庭園の植物の潅水用の水も含め、庭に循環する水はすべて敷地内の湧水（天然水）を利用している。掃除の時には小川も池も滝もすべて干上がるが、復活させる時は、一旦一番下の池に水をたっぷりと張り、その水を水中ポンプで２回に分けた高低差をそれぞれ１台のポンプで引き上げ、それによって自然な、本当の水の流れを作っている。

消毒された水道水ではないので、小川が復活するとすぐにカエルやアメンボウが飛び回ることになる。彼ら小動物にとっても水の違いはわかるのだと思う。また、シラサギのような鳥も、そして子ガモを連れて泳ぎ回る子育て中のカルガモ一家もよくこの水辺で観ることができる。ムーアの水と建築というものが、動物たちにとっても生活しやすい環境を作っている。

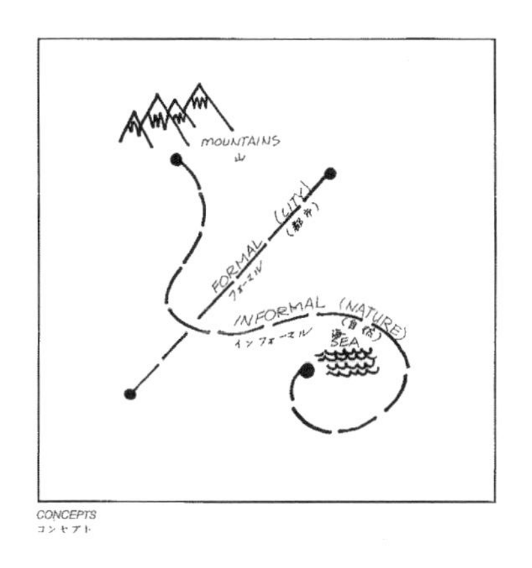

CONCEPTS
コンセプト

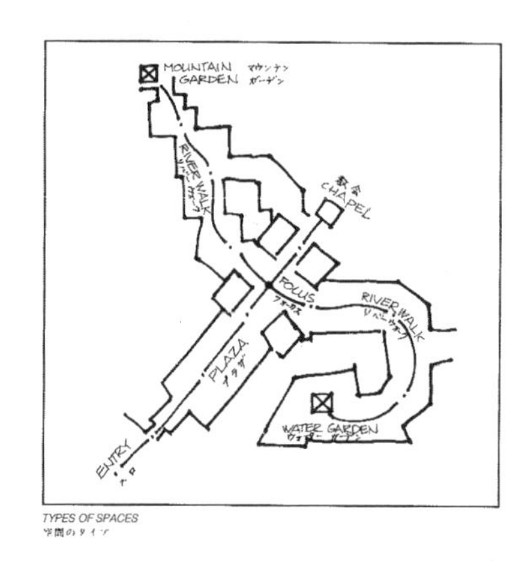

TYPES OF SPACES
空間のタイプ

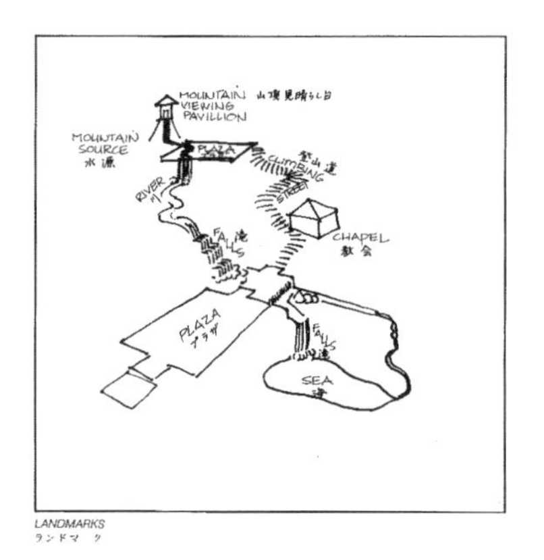

LANDMARKS
ランドマーク

LANDSCAPE
ランドスケープ

ムーアの描いたオーキッド・ダイアグラム。左上：六甲山から海への水脈線（インフォーマルライン）と敷地の軸線（フォーマルライン）。右上：空間のタイプ。左下：ランドマーク。右下：ランドスケープ。

水辺にあるベルリンのテゲル湾湖畔の建物はオーキッドと瓜二つだが、この建物を詳細に観ていくと、オーキッドとは違う点も見えてくる。それは飾り梁だ。オーキッドの建物には、だんだんと繰り下がる形で建物を装飾する飾り梁が多用されている。数層に１つの飾り梁がしつらえてあると言ってもいい。この梁は日本の神社建築などでよく見るもので、ヨーロッパでは少ない。ヨーロッパでは同じような繰り下がる飾り梁があっても２段程度で、しかも途中の階層に飾り梁をわざわざ施すことは少ない。なぜなら、ヨーロッパやアメリカの飾り梁は屋根の構造と一体化し、上階のガーゴイルから流れる雨水を阻害するような中途の階の飾り破風は付けないからだ。

ムーアの作品の１つ、ザ・フェアモント・サンノゼの建物を観ればそのことはよくわかる。最上階の屋根以外はのっぺりとしていて、途中に飾りの梁を何段にも付けることはない。オーキッドの飾り梁は、ムーアの日本建築に対する敬意が表れているのかもしれないが、私はここでもう１人のデザインの立役者、プットマンを思い出してしまう。

そう、&の美だ。掛け合わせの美。それがここにもあるということ。オーキッドの設計やデザインで、この２人はどういう会話をしていたのだろうか？ ２人とも１９２５年に生まれ、オーキッドの設計が始まった１９９０年前後には６５歳だ。で、プットマンは２０１３年の８８歳まで生きるが、ムーアはオーキッドコートの完成前の１９９３年に亡くなっている。ＡＩＡゴールドメダルをもらってからたった2年後、オーキッド全体の完成の１年前だ。伝記によると出張を控えた日の朝、突然の心臓発作による事故だったそうだ。待ち合わせの場所に来ないムーアを心配して同僚が駆け付けたところ、眠ったようにベッドで亡くなっていたという。

ムーアがもしずっとこの先も生き続けて多くの作品を残していたら、その中で言わば絶頂期の作品であり、かつ「デザイン界のココ・シャネル」アンドレ・プットマンとの最強の共同作品であるオーキッドコートはもっと高く建築の歴史で評価されたに違いない。彼の建築家としての遺伝子は moore ruble yudell（ムーア・ルーブル・ユーデル：ＭＲＹ）という設計デザインオフィスに引き継がれて、今でも活発に開発案件などをこなしているが、ムーアらしさを前面に出し、庭園の眺めをとった、ヨーロッパ古城のような、ディズニー的華やかさを持ち、急な水流も生活に取り込んだ、ムーアニアな建築の集大成は、オーキッド以降、出会うことはできない。

普通は建築家やディベロッパーが内装関係のデザイナーを後から連れてきて、建築が仕上がる時期に合わせて内装が決まっていく。しかし、オーキッドの直前には香港プットマンホテルを完成させ、名だたるブティックやオフィスのデザインを総括していたプットマンとこのたった２年前にＡＩＡゴールドメタルを受賞してようやく世界的レベルの環境アーキテクトになったムーアとの格の違いというか、仕事のレベルと内容をこのオーキッド設計時の１９９０年の前後に比較して見てみると、多分、プットマンのほうが設計やデザインコンセプトを主導したように思う。ひょっとしたらオーキッドの設計が始まってからムーアのＡＩＡ受賞が決まったかもしれないというこの時間軸を考えると、酒と煙草に焼けただみ声のプットマンがカリフォルニアの健康的学者肌で、理論派の建築家ムーアを扇動したというか引っ張ってオーキッド全体のデザインを完成させたに違いない。オーキッド開発発表会当時の写真を見ても、プットマンのほうが上手に堂々として立っているのがわかる（P.141 写真参照）。プットマンのデザイン姿勢を近くで観てきた経験からすると、多分プットマンはムーアが設計デザインに入った時から口を出していたと思う。そうでなきゃ、彼女は受けなかったと思う。

また、実際に出来上がったオーキッドという作品を見ても、庭園や建物、設備のいいとこ取りをした集合の美、プットマンなくしてブリッジの美がこうして設計できたとは思えない。このことと、ムーアが言った「ディズニーランド」に対する高い評価とが双方でスパークした、つまり２人とも似たような感覚で話が盛り上がったと思う。

プットマン同様に、ムーアも不安定な中の安定した生活を生きた。

旅行を好んだことも２人の共通点の１つであるが、生きてきた軌跡自体が、エトランジェ、異質な世界への挑戦の連続である点も似ている。

例えば、マイアミのプロジェクトでは、設計したサイトの広告のため、彼のパートナーがマイアミ川沿いで演奏するバイオリニストを雇い、サイトに注目を集め、店先に店を構えて地元のテレビに出演して注目を集めようとした。あるいは、建築のシェフソムリエであるように、ムーアはＵＣＬＡのビリー・チェンの指導教官で、彼女の建築家としての成功をサポートして、彼女の会社であるトッドウィリアムズ・ビリーチェン・アーキテクツが、ダートマス大学のムーアのフッド美術館の拡張と改修に取り組むような大きなプロジェクトに参加できるようにした。ビリー・チェンは「ムーアが私の仕事について何か文句のようなものを言ったのを覚えていません。私が覚えているのは、彼が率いるクレイジーな遠足です。カタリナのニュートラハウス、世界最大のミニチュアゴルフコース、マジックマウンテンの３６０度ジェットコースター、デルコロナドでワインヤードの訪問など、とんでもない異質なもの刺激的なものをいっぺんに回ったこともあります。彼は面白くて恥ずかしがり屋で寛大で、インスピレーションは多くの場所から来ると教えてくれました。人々にとって素晴らしい場所を作ることが彼を仕事に駆り立てました」と言っている。

また、ムーアは引っ越し魔だったらしい。引っ越しのたびに彼は友人や若い同僚と新しいオフィスを設立し、地域の違いや他の人々のアイデアとの関わりを求めた。１９６５年にイェール大学の仕事に就くために東に移動した後、１９６９年、ムーアはコネチカット州エセックスの工場の建物を購入し、１９７５年にカリフォルニアに戻り、２年後、サンタモニカを拠点とするムーア・ルーブル・ユーデルを設立した。現在、この事務所はグローバルな開発を積極的にする大きな企業となった。コラボレーション、パブリックエンゲージメント、ポップカルチャーなど、ムーアは時としてコンテンポラリ―な現代文化の時代を生きたように見える。こうした現代的なごった煮の文化の中で仕事していたという点でも、プットマンとの共通点を感じる。そして生まれはプットマンと同じ年！大正時代！であり、オーキッドの設計をした時には６０歳を超えていた。

ディズニーランドは、いろいろなテーマの寄せ集めである。ごった煮。未来の都市もあれば、メルヘンの世界も、お化け屋敷もあれば、冒険体験もある。それらがつなぎ合わさって、大きな「不安定感の中の安定感」を生み出している。

これが、プットマンのデザインの世界のブリッジという役割と結び付いている。提供されるテーマは、未来都市やメルヘンの世界といった子供の世界ではなく、アールヌーボーであるとかアールデコであるとかミニマリスト、ベルサイユ風、そしてポストモダンという、それぞれ芸術やデザインとして確立したものであったと思う。ディズニーの冒険、おとぎの国、未来、お化け屋敷などに代わって、フランス文化の多くの時代を代表する装飾様式やアメリカの建築様式のいくつかがディズニーランドと同じようにオーキッドコートの１つの敷地内に、住人の生活を邪魔しないよう、そして住人の生きる姿勢を刺激して活性化するようにしつらえらえたのだ。

オーキッドは、ムーア的なものとプットマン的なものが合作し、そこから生み出された傑作と言える。ムーアの評伝は、こうした見方を裏付けるものが多い。

「チャールズは人々に自分の物を入れて、最初の最も明白なものとは異なる性質を発見する機会を与えたかったのです」とドンリン・リンドンは言う。設計の助手であったハルプリンは、ムーアが簡単に景観設計家（ランドスケイプ・アーキテクト）になることができると最初から考えていた。

　パルプリンのムーアに関する１９９６年の本の中で、次のように書いている。「オースティンのムーアの自宅には、ある種の本の集積場所と、鋼鉄のドア（彼自身の洞窟）の後ろに秘密の小さな場所がありました。そこでは、チャールズがケイパビリティ・ブラウンの真っ直ぐな隠者のように、のんびりとリクライニングしているのを想像できます。それぞれ４つの太い柱で支えられた、２つの空間に分けられたエディクラ（切り詰められたピラミッド）を中心としてその家は設計されていた。エディクラ（ジョンサマーソンの本 Heavenly Mansions から概念的に、そしてかつての教師であるルイスカーンのトレントンバスハウスのパビリオンから物理的にインスピレーションを得た）の外では、ムーアが無骨な表現で「サドルバッグ」と表現する、コレクションや趣味のための部屋、さまざまな気分のための避難所、そしてより親密な会話のためのステージを作成するために設計された隅、ポーチ、ロフト、および棚という雑多な物の集積所が設計され、それはそれでちゃんと存在感を持っていた。

（an architectual life - memoir & memories of Charles W Moore writtenn and edited by Kevin P. Keim より）

　ほら、ここにもプットマン的な結節点と心地よい生活のミックスが存在している。

　ムーアのインテリアは光源で遊んだり、明るい色と本物の天窓を組み合わせたり、ブロードウェイスタイルの電球でピラミッドの山頂を強調した照明を施したり、予想外の場所に鏡を置いたりしている。

　ムーアのニューヘブンの家では、１９世紀の床下の板張りの箱がくり抜かれ、３つの２階建ての塔（ハワード、ベレンガリア、エセルと呼ばれる）が設置され、空間をより深く断片化し、それぞれを独立させている。塔は合板の二重層で出来ていて、それを切り取って表面をほとんど塗装した。ムーアのベッドには、小さな球状の亜鉛のドームと金属で作られたアメリカの星があった。マリーゴールドで塗られた壁にフライパンをぶら下げることもした。また収納のためのプラスチックの箱は、一対の柱の向かいにミニチュアタワーの森を作り、高さはふぞろいに固定されていた。

ムーア自身、流れるようなまとまりのある建物の外形は得意とするが、このように中に入ってしまえば、きわめてランダムで規則性のない乱雑なものを詰め合わせて調和をとるということを得意としたようだ。これもプットニア的。先の『An Architectual Life - Memoir & Memories of Charles W Moore』の著者編集者であるケビン・ケイムは、ムーアのことを「外側は丸い石ころなのに割ってみるとダイヤモンドのようにきらきらしていて鋭敏なクリスタルの先の尖った柱がいくつもある天然石アメジストドームのような建物を設計する」と、その本の前書きで言っている。一見、滑らかな表情をする建物の中に思いもよらないような細かな仕掛けをし、複雑な構造をその中にしつらえるのを得意としていたようだ。

ムーアのインタビューの中には、環境デザイン家らしいサイトデザインを語る一方で、美術館の中ではしっかりとしたキューブの部屋を作ってメリハリのある展示をするべきと語り、視聴者の思考が混乱するのを楽しんでいるような様子もある。「私の特別な関心は、おなじみの作品を使用して、これまでにない方法でそれらを組み合わせることにある。これは、全く新しいクレイジーな形のセットを発明するよりも、革命を起こすためのより良い方法だと思います」と、ムーアは１９７３年のインタビューで語っている。

彼の知識の源、思い出の走馬灯に、最も頻繁に日本の木造建築、メキシコの民芸品の色、イタリアのバロックの形や絵があるということをはっきりと言っている。まさか、ムーアがプットマンの影響をこの時代から受けていたとは思わないが、きわめて両者は同じようなデザインに対する感覚、そしてクリエイトする方法についても同じ軌跡のものを持っていることに気付く。そして、そうした記憶のストックは数多くの旅行で得たというのも同じ。また、第二次世界大戦の終戦後ＧＨＱの建設将校として若い時代に長く日本の各地を見て回る機会があったことも、ムーアの日本的な感性を形作る基礎になったのは間違いない。

ムーアの１９５４年から１９５５年に建設したペブルビーチの家の写真の中には、私には神戸の祖父母の自宅かと見まがうほどの日本間が写っているものがある。これと対照的なニューヘブンの家は、１９６９年１０月にプレイボーイで独身者用住まいの１つとして紹介され、いかにも野放図なプレイボーイの男性が、野蛮さと知的センスの両方をひけらかす多面性のアピールにできそうな部屋の写真である。ムーアは、その写真について「家のオーナーが慎重に見ている間、パーティーを続けるパートナーとしての家」であると示唆している。自身の作品がムーアの影響を受けている英国の建築家、チャールズ・ホランドは「毛皮で覆われたベッド、そして寝室と風呂のわずかに上下させた配置で区切りをつける手法については、常に退廃と快楽主義そして知的想像力のヒントがころがっている」と語っている。

ムーアのこうした多面的なデザインの発露がこのオーキッドコートで、デザインは異文化の橋渡し結節点であると考えるプットマンと出会い、多分、２人は少しも相手に気兼ねしたり遠慮したりすることなく、お互いの価値観やデザインの信条に正直にコラボレーションできたと思う。だから、先に見たオーキッドと双子のデザインのようなドイツテゲル湾の邸宅とも違うし、ムーアが独自に設計したどの世界中の建物とも違い、オーキッドは日本的なそして装飾華美なアールヌーボーを意識したアールデコであり、六甲の山並みから水の流れる自然のモチーフをいたるところに表現してみせた総合デザインだということがわかる。庭も、建物の細かな意匠もプットマンが口出ししたのは間違いないだろう。だから、テゲルの住宅にはない、細かな装飾がこのオーキッドのデザインにはしつらえられている。なにせ、オーキッドの大幅な設計変更が三井不動産の撤退で実行に移されることになった１９９８年頃にはもうチャールズ・ムーアはこの世にいない。プットマンだけが残って活躍していたのだから、新たなスペースとして出来た残りの庭園やマナーハウスの規模を最初の設計より大きなものにしたりしたのは、プットマンデザインのほうが主導した。

あえて、ここにムーアだけの影響を考えるとすれば、建物の中、専有住戸の中の間取りの区切り方だろう。ケビン・ケイムの言う、アメジストドームの中にある水晶クラスターのようなものだ。リビングなどは平均して１８畳くらいの広さを確保したり、個別の部屋の空間はすっきりと広いのに、なぜここで区切ったのかと思うような部屋の区切り方をする。例えば、外から見ればどう見ても部屋の窓としか見えない一連の１枚の窓の部分が、３分の１は実はベランダの外にあって、部屋の中の窓と部屋じゃないベランダの外気の窓？（単にガラスで区切った壁、つまり窓にしか見えないガラス板の外側も内側も両方とも外の空気というガラスの壁）が、本当の部屋の窓の延長で外から見ると一体となって見えるところなど、めちゃくちゃムーア的、ムーアニアな構造だと思う。

アールデコのラインの建物の中に、こういう驚きのある構造体を詰め込むという設計、これには見えないところに相当な労力とお金がかかっていると思う。これまで、いくつもビルや建物を施主としてデザインしてきたが、こういう設計は多分しない。なぜなら、見えないところにかなりなコストがかかるからだ。そして、オーキッド全体を見た時に、これだけの「日常的不意打ち」を感じさせるデザインを内装部分で埋め込んでいくのには、ムーアにお金には糸目をつけず自由に設計をさせたんだろうなというのを感じる。そこにプットマンのデザイン思想が入り、外もアールデコ調、中は宝石箱のような個別住戸の光による芸術で満たされた空間が出来上がったのではないかと思う。

外はアールデコ、中は水晶クラスターのような細かな宝石の詰め合わせというオーキッドのデザインを生んだ理由は、チャールズ・ムーアという建築家のアメジストドームがどうやって出来てきたのか生い立ちを見ていけばその原因がわかる。

Urban Innovations Group（ＵＩＧ）は、カリフォルニア州ロサンゼルスにある建築の産学共同体で、「現実世界」の建設プロジェクトを実際に生徒に課題として与える教育を行っていた。ムーアはここで、初期の著名な建築遺産をいくつか制作する。

通常、建築学校の学生には、架空の建築プログラムに基づく設計問題が与えられ、しかもそれは設計の初期段階に限定される。しかし、ＵＩＧはその慣習を打ち破り、実際にプロジェクトが構築されているライブな環境に学生を引き込み、設計、開発、建設の監視まで全員が参加できるようにした。学生が担当したプロジェクトは取るに足らないもの、個人の小屋や別荘などが多いのではないかと思うが、ＵＩＧでは学生は非常に重要な公共の建造物や学校などの重要な建物に取り組んだ。ムーアがこのＵＩＧ時代に参加したもので最も有名なのは、おそらくイタリア広場（ピアッツァ・イタリアーノ）で、これは、マイケル・グレイヴスのポートランド・シビック・センターやフィリップ・ジョンソンのＡＴ＆Ｔ本社とともに、国際的に有名なポストモダニズムの象徴となった建物だ。

ムーアはまたカリフォルニアで最も有名な建築でシティープロジェクトの１つであるビバリーヒルズ・シビック・センターも設計してい

る。その後、カリフォルニア州オーシャンサイドとプレザント・ヒルのシビック・センターもムーアの作品として有名だ。これらのムーアの作品は、「ロサンゼルスの顔を変えた」と言われている。

チャールズ・ムーアほど、ロサンゼルスをよく知っている人はいない。彼の「古い」ロサンゼルスの歴史についての知識と、街がその後、無秩序に開発された変遷の過程についての記憶の両方にわたる知識が、その建物、場所、歴史、民俗学に関する百科事典的な学術的知見をもとにしたムーアの設計で、ロサンゼルスのＵＩＧの概念設計（都市設計）に基づく都市開発が行われた。

ジョン・エドランはＵＣＬＡでムーアの教え子であり、卒業後はＵＩＧオフィスで働いていたが、ムーアについてこんなコメントをしている。

ＵＣＬＡではチャールズ・ムーアを含む世界中から集まった多くの建築界スターが教師として活躍しています。他の１７人の若い大学院生と一緒に、私はその学科に応募しました。

チャールズは秋学期の後の春の学期に、都市設計理論について学生にはかなり厳しい準備研究をしないと合格できない課題を出してきました。チャールズ・ムーアに先立って、他のスター教員によって提供された数多くの講義、セミナー、デザイン演習や厳格な成績評価がこの産業界や複数の大学連携の教室でも行われましたが、チャールズは、彼の講義を修了するドアを通り抜ける前に、やるべきことは多くの異種文化の吸収であって、課題をクリアするために他の教授陣のようにビジネススクール方式のディスカッションを中心に授業を行うようなメソッドを使用することはありませんでした。

ムーア先生は気さくで、控え目で、親しみやすく、質問に熱心に答えてはくれますが、質問をするのをためらったり、追い詰められて質問をすることになった時には、先生の生徒に対する攻撃は無慈悲でした。

チャールズが前任者の教授と最も際立って違っていたのは、遺体安置所のように教室を避けていたことです。彼の教育、制作、訓練の過程を通じて、教室では何も生まないという信念に疑いの余地はありませんでした。教室ではなくデザインをする設計事務所に閉じ込められたので、私たちは非常に意欲的な協力者であることを証明するチャンスに多く恵まれました。教室にいるよりもＬＡのアドバイザーとしてアベニュー（街角）にいるチャールズはとても幸せそうでした。

街角のムーアのお気に入りは、カリフォルニアでは例えばＬＡの地下鉄システムなどで、ムーアもその設計に参加した。

ムーアは街を歩く時にはスケッチブックを持ち歩くようにと生徒には指導していたという。そして、ムーアはそういう街角を、いつも移動していくことで、デザインのコミングルな醗酵と創造的設計ができると確信していた節がある。そして、無計画な旅行や移動を好み、空港でいきなりイタリア広場に行こうと言い出した時にはニューオリンズで、先の卒業したＵＩＧの同級生仲間に急に連絡を取って向かったこともあるという。

ある日はロサンゼルスの歴史を巡るツアーでパサデナに行き、翌週はディズニーランドのツアーへ向かったりした。そうしたツアーで、なぜロサンゼルスの偽物がすべて本物に見えるのかというとディズニーランドがその思考の結節点にあったからだというのが、ムーアがよく学生に説明していた決まり文句だったらしい。確かにあの本物のような凝った作りのディズニーがあるおかげで、ハリウッドのふざけた張りぼてのようなスタジオなどがつい本物のヨーロッパやカリブと思ってしまうのは私だけではなかったようだ。神戸の住吉・岡本界隈もオーキッドの本物の容姿があるからこそ、近隣の邸宅が邸宅らしく見えるというものだろう。地域開発はその土地の歴史から学ぶというムーアの姿勢は徹底していたようだ。

例えば、真のスペイン人を理解するためにElias Torresなどの音楽家をゲストにしてわざわざカタリナ島（カリフォルニア南部の島）に行ったこともあった。また、カリフォルニアの４つのエコロジー（北部・南部・西部・東部の四地域でそれぞれ気候が全く違っていること）についてレイナー・バンハムとムーアは共同でセミナーを行ったこともある。ムーアはカリフォルニアの多面性の追求に余念がなかったと言えよう。他には、レイ・イームズと一緒にイームズ・ハウスを訪れたり、ローレンス・ハルプリンと一緒に海の牧場（シーランチ）を訪れたりと、その人物がその場所の代名詞になりえるような有名人と、建築を結び付けるようなことも得意としていた。こうしたことから、ムーアがプットマンをそうした有名なパートナーの１人としてオーキッドの設計でも彼女を大歓迎していたであろうことがうかがえる。

ムーアは、学生の研修だけでなく、実際に設計士や建築家として働いている人間を集めて、１週間の知覚ワークショップを主催し、森の中をブラインド・ウォーク（目隠しをしたまま、目の役割をするパートナーと歩く研修）などをし、流木で家を作成してみたり、非常に珍しいポモ・インディアンのキバの儀式に参加したりした。

この話を聞いて私は、ＪＰモルガン時代にオフィサー研修で、ニューヨーク・ロングアイランドのハンプトンハウス近くの原野で世界中から集まった若いオフィサー候補者と森の中で課題を与えられ、それをチームで解決していくというフィールドワークを思い出した。そこでは、例えば「この湖をグループ（５人程度のチーム）で一度に全員で渡ってください」という課題や、「目隠しをしたまま、木の上から後ろ向きに１人ずつ倒れてください」というような課題に挑戦した。私たち日本人はどこかで人を信頼することを覚えているので、誰かがいかだを作ろうとか、泳いで手をつないで渡ろうとか言い出したり、後ろ向きに人の背よりもずっと高い木の枝から見えない背中のほうに倒れても、向こう側で仲間の数人がいて自分を支えてくれると信じて倒れることが簡単にできるが、ヨーロッパのある国の貴族的な出身の女性は最後まで仲間を信用できなくて倒れることができず泣き出す始末だったのを思い出す。

こういうフィールドワークで、お互いの文化や背景の違いを身をもって体験することを、ムーア先生は社会人になった有能な建築家たちにも要求していたのだと思う。プットマンの言葉の攻撃とは違ったアプローチで、異種なものを表現していたのだと思う。

一般的に建築学の教授の多くは、演繹的な教授法を用いて多くの要素をいくつかの主要な要素に分類して絞り込みを行う。そしてこれらの要素を正しく分類し、また融合させ帰納させることで、満足のいく予測可能な結果が得られるということをビジネススクール的に教えてくれる。つまり他の多くの教授は、レゴブロックのような原則を使用して、段階的に組み立て、追加的に知識を総合するという方法で教える。しかし、ムーアのアプローチは、演繹的でも帰納的でもなかった。彼の論文では、ほとんどの議論が別の次元への飛躍によって構成されている。異種の要素の増殖つまりテーマのアドオンに重きが置かれていた。

ケビン・ケイム（先述のムーア研究本の作者・編集者）に言わせれば、ムーアの方法はインドのシャーラム王の話のように加速度的に学生に幅広い知識と知見をもたらしたようだ。シャーラム王はチェスのゲームを発明したグランド・イジエに報酬を与えたいと考えていたところ、イジエ宰相はチェス盤の最初のマスに小麦を１粒、２番目に２粒、３番目に４粒、というように６４番目のマス目まで必ず２倍ずつの小麦の数を次のマスに置くことで報酬を与えるよう王様にささやかな要求をした。知らず知らずのうちに、王様は簡単な要求にすぐに応え、小麦の袋を持ってこさせた。しかし、５０番目の正方形の後、バッグは空になり、彼はさらにバッグを注文した（残念ながら、６４番目の正方形を埋めるのに必要な量が小麦の１０乗のブッシェルの約４乗であり、当時の世界の全生産量よりも多かったことを、王は後で知ることになる）ムーア先生と一緒に勉強することは、このように小麦の粒を集めるようなもので、経験の増殖を集めるようムーアは生徒に促したと言われている。人、場所、本、冒険、出来事、他の感覚や次元との出会いがそれを具体的にしてくれると、生徒の１人は言っている。

面白いことに、プットマン同様、ムーアも映画の背景やステージのデザインをやっている。例えば、ある時期には生徒に対し設計に参加したＬＡの地下鉄路線について映画を作るように課題を与えた。生徒たちが、昼夜を問わず小道具の製作、撮影、スプライシング、サウンドトラックの作成、ルート上の各駅の特徴を伝えようと、典型的なＬＡメディアの手法を使って作業したが、仕上がった後のムーア先生のコメントは「めちゃくちゃだ」という冷たいもの。ムーアは生徒たちの前で、そういう厳しいことを叫ぶ冷徹さはあったが、同時にそういう冷徹な言葉を発しても生徒との信頼関係は失われなかったほど、日常的にムーアが生徒の感性に寄り添っていたとも言えるのではないだろうか？

ＵＣＬＡの卒業生の中には、卒業して何年も経つのに、ムーア先生の授業の時に書いたパサデナの噴水のスケッチや、キバの儀式の時に木炭で書いた奇妙な走り書きが入ったスケッチブックをずっと持っている人もいる。それぞれがムーアから教わった非常に特殊な経験であり、他の教育者とは違う異種な学習経験のモニュメントで、決して忘れることはないものだろう。

ＵＩＧの元建築ディレクターであるロンフィルソンが、ニューオーリンズのイタリア広場やバンカー・ヒルなどの重要なプロジェクトを設計した時にＵＩＧを形成し、ムーアを巻き込んでいったことについて「大学は、コミュニティにおける差し迫った都市の問題を解決するために利用できるし、また利用されるべきです。逆に学校は、ユニークな実験室としてロサンゼルスを利用することができました。ですから、新しい２０世紀そして２１世紀に向けた都市の計画とデザインのコンセプトを考えるために大学間の連携をすることは合理的な判断でした。この大学連携の産学連携プロジェクトは、Urban Innovations Group（ＵＩＧ）として知られるようになります。建築学部には、もともと都市計画者とデザイナーが含まれていました。しかしそうした建築学部の教員ではなく、ルイス・カーンのオフィスで優秀な建築家として働いていたティム・ヴリーランドが、プログラムの駆け出しの建築コンポーネントの責任者として参加しました。学際的で実践に興味を持つ教員つまりフロンティア運動の衝動は１９９０年代にＵＣＬＡにもやってきました。これらには、マービン・アデルソンとジョージ・ランド（どちらも心理学者）、ジーン・クッパー、ヘルムート・シュリッツ、ユルグ・ラング、トーマス・Ｓ・ハインズ（アメリカの文化および建築史家）、そして最終的にムーアをロサンゼルスに連れてくるのに最も貢献した人物であるビル・ミッチェルが参加して、この産学共同プロジェクトが始まりました。建築におけるコンピュータ・アプリケーションの初期のパイオニアであるアンヘレスは、実はマサチューセッツ工科大学建築学部卒業の後、１９９０年代後半にムーアが学部長を務めたイエール大学でＭＥＤプログラムを修了し、最後はムーアのニューヘブンのスタジオで働いていました。その後、ＵＣＬＡのフォーバードで教鞭をとり、現在は学長を務めています」と、記録に残している。

ＵＩＧの最初の２人のディレクター、ラルフ・アイルランドとアルス・ワンケの下で、ＵＩＧは実際に活躍している建築家を交えて都市設計の計画の理論的なバックボーンを作った。最初のプロジェクトはＵＩＧを管理するために設立された大学間共通の理事会のメンバーから提案があったものだった。カルバーシティの２０世紀フォックスのスタジオ設計の研究とか、ＬＡの都市機能を再編成するために心理的なアプローチをしたビクター・パルミエリが中心になって「都市開発の可能性に関する研究」が行われた。

鉄道会社ペンセントラルが南カリフォルニアに所有する美しい５千エーカーのオレンジカウンティの土地には、ビル・ミッチェルと彼が仲間に引き入れたムーアとでレクリエーション・ハウスの提案を行っている。

しかしながら、ＵＣＬＡのＵＩＧ活動は主にミッチェルが主導していたが、現代の都市設計に関しては都市計画と建築を都市デザインに統合し融合させることには成功しなかった。つまり、ＬＡの設計コンセプト（都市設計の概念的な基礎理論）は心理学者や都市設計の教授陣などで出来上がりつつあったが、それを実際に建築・建物のデザインとして表現し取り入れていくとなると、別の才能が必要だったのだ。この行き詰まりから、初期のビジョナリーメンバーを交代させて、メインライン・アーキテクチャ（建築家として王道を歩んでいるデザイナー・設計士）を改めて参加させる必要に迫られた。この転換の必要性について、ハーベイ・ペルロフは「可能な限り最大の有名な建築家が欲しかった。私とビル・ミッチェルは、有名なムーアがカリフォルニアに戻ることに興味を持っていることを知り、私たちは恥知らずにもムーアをうまく言いくるめて、それに応じるしか方法がないような説得方法で望み、ムーアの精神的な弱さに付け込んでカリフォルニアに戻ってくるよう説得しました」と述べている。

この説得に応じてしまう１９７３年までは、ムーアはイェール大学の建築学部長として活躍していた。ムーアは学部長という公的な役割とプライベートな実際の建築事務所を両方切り盛りし、当時の不況やその他の問題にもかかわらず、設計事務所自体は何とか経営できていた状態だった。その事務所ムーア・グローバー・ハイクーパー（後のセンターブルック）は次第にムーアから独立して活動するように、最後にはなっていた。事務所自体で個別に注文を獲得し、事務所独自の作品を開発できるようになってきていた。そういうことから、ムーアの側にもカリフォルニアへ戻る動機があったと言える。

ムーアがカリフォルニアに戻るということは、ホームカミング（里帰り）でもあった。ロサンゼルスに対しては、ちょうど私が神戸の魚

オーキッド現地設計当時のチャールズ・ムーアとその妻。左端は当時現地の西岡本設計事務所の監督をしたジェームス・マリー・オコナー（プロジェクトマネージャー。現在、MRY パートナー）

崎・住吉に持つものと同じように子供時代の記憶から始まって近隣の地域への家族での小旅行の思い出など、懐かしく愛情を感じる大地・都市空間がムーアの中に浸透していたと思う。

ムーアは、ロサンゼルス地域で数多くのプロジェクトをこの時までにすでに経験している。最も古いものは１９６５年頃に遡る、彼のいとこマーサ・カークパトリックのためのプロジェクトで、サンタクルスに建てた家がそれだ。また１９６０年代後半にはムーアと学部クラブの最も重要なプロジェクトの１つである、ＵＣサンタバーバラのキャンパスの設計もしている。これは、ムーアのミッドキャリアの最高点の１つと考えられている。

加えてその後、ロサンゼルス西部に６人の医師のための精神科オフィスビル（チアトリークリニック）を建設した。１９７０年代の初期には、ムーア自身がＬＡのサンタモニカ大通りから１本入ったセルビー・アベニューに自分の家の設計をしている。

カリフォルニアに戻ったムーアはＵＣＬＡでティム・ヴリーランドらと会うことができ、ＵＩＧでディレクター職をオファーされた。ムーアの主な責任は、ＵＩＧで建築プロジェクトを指揮することだった。これは、それまでに練り込まれていたＬＡの「都市設計」に関する概念的なブループリントを実際の建築や地域デザインに落とし込むことを最大のミッションにしたものだった。

ＵＩＧでの作業方法は、当時としては新しくまた先例がないことからストレスのたまる作業だったそうだ。ＵＩＧはもともと学校の実践部門としての機能を期待されていたが、建築実務側からのリクエスト（例えば施主の要望）と学校の学術的な要求は何度も対立して、問題が起こっていることが記録に残っている。実際のクライアント、実際の予算、実際のスケジュール、責任の問題、およびその他の懸念で、経験の浅い学生や教職員（多くの場合、幅広い心理学や医学など幅広い専門分野の教授たち）との共同プロジェクトは複雑で困難なものだったようだ。

この苦労は、私自身も社会貢献ボランティアとして大学の文化研究所研究員や教官を務め、特に沖縄の国立大学法人のウェルネス研究所や琉球アジア文化研究所などと共同で産学共同プロジェクトを進めた経験からも、よく理解できる。大学の研究者はその専門分野においてエキスパートであることを求められ、何よりその分野での「正しいこと」「事実」のみを研究対象とする。しかし、この変化の激しい２１世紀のはじめに当たって、産業側の期待する学研者の役割は、どちらかというと分野の横断的「総合的」な「イノベーション」であって、個別の狭い世界の小さな変化や進化ではない。

例えば、世界のブルーゾーンの研究がそれだ。ブルーゾーンとは、健康で長生きの人々が数多く居住する特別な地域を指す。この地域には９０代はもちろん１００歳を超える人々が多数暮らしている。さらに「スーパーセンテナリアン（１１０歳を超える人)」が住んでいることもある地域のことを指す。世界では、イタリアのサルデーニャ、日本の沖縄、アメリカ合衆国のカリフォルニア州ロマリンダ、コスタリカのニコヤ半島、ギリシャのイカリア島、これら５か所だけが健康長寿のブルーゾーンとして認定されている。

ブルーゾーンの研究は人類学や医学の分野のものとして長い間とらえられていたが、人々の生活環境にまで目を向けると、その地域の住宅や住環境の特殊性等を医学的な視点からだけでなく、環境学・建築学の観点からも研究し、それを長寿社会のインフラ・建築として研究する動きもある。また、心理学的な長寿のためのストレスコントロールという観点から、ブルーゾーンには特殊な芸能や地域音楽の社会への浸透度合いも高いという研究もあり、研究分野の幅は、芸能や生活スタイルにまで及んでいる（ブルーゾーンウェルネスの研究の１つとして、２０１９年１０月には沖縄の伝統芸能をタカラヅカ風に公演したＯＧショーを大学や琉球放送の協賛を得て開催したりしたが、その時の年齢を超えた盛り上がりは満席の会場で「長寿の秘訣」の１つを発見したような気にもなったものだ)。

こうした研究は１０年ほど前までの補助金漬けの国立大学の研究課題としては非常に難しかった（予算の対象分野でない横断的な研究のため、科研費申請の手続き的な問題から除外されることが多かったのだ）が、最近では独立大学法人となり、その予算も国家の補助金だけでなく、企業や産業界からの寄付・共同研究など、幅が広がった。そのおかげで、新しい研究のフロンティアが開けてきている。ムーアが参加したＵＩＧが、このような研究分野の枠を超えて都市設計・環境設計の大きな課題を産学共同で解決しようとした試みであったのは、このような変化を３０年以上先取りしたものだと思う。

ＵＩＧの研究の方向は、「理想の都市機能の整備」だったようだが、今後日本では未曽有の高齢化社会を迎えるにあたり、ウェルネスの研究それも「健康寿命の引き上げ」こそ、今後の日本社会の研究課題であると思う。アメリカのコンドミニアムの設計デザインにおいても、「ウェルネス」マネージメントは最近、特にコロナ以降には主要なテーマになっている。「ウェルネス」「健康長寿のため」の建物や住環境の整備は学術的な研究の段階から、もはや実践的実行の段階に入っており、「ウェルネス」をうたったマンションの販売活動が世界中でいくつも見られる。

健康寿命は単なる生きる寿命でなく、人が健康に自立した生活を営むことのできる寿命のこと。医学的には生命維持装置をつければ現代の医学では寿命（その定義も専門家によって心停止なのか脳死なのかなど違ってくる）を延ばすことはわけもない。しかし、多くの日本人が望んでいるのは、ベッドに縛り付けられた寿命などでは断じてなく、健康に１人でも衣食住に関して問題なく暮らしていける寿命が長くなることだと思う。そのために「ウェルネス」はあらゆる分野の哲学的な目標として有効だと思う。そういう意味で、建築物「オーキッド」の現代的な課題も、この健康寿命をいかに延ばせる設備や建物になっていくかというテーマとしてとらえることができると思う。「健康寿命」を延ばすというテーマは当然、現代の邸宅としてのオーキッドの価値を引き上げてくれると思う。

健康寿命が現在のテーマなら、ムーアがＵＩＧで活躍した時代のテーマは「本物の都市機能環境」であり、そうした研究分野横断型で成功した最初の環境デザインがニューオーリンズにある。ニューオーリンズのイタリア広場は、組織の多様な目標を考えると、多くの点でＵＩＧで最も刺激的で最も成功したプロジェクトだった。ムーアが最初問題にしたのは、Piazzad’Italia（イタリア広場）コンペティションに勝つにはどうしたらいいかという課題だった。１９７４年から、チャールズ・コルベール、ジャック・コスナー、ペレス・アソシエーツ、それにニューオーリンズのカシオ・コクラン、コンラッド、スチュワート・ファーネットなど、６つの建築家事務所がコンペに参加した。

ムーアはセンターブルックのムーア・グローバー・ハーパーの事務所で作業を始め、７番目に参加した。最初のプランは楕円形だった。中央広場を備えたＵＩＧでの後の開発のテーマは、後のオーキッドコートのセンターコートや芝生の庭を連想させるものだった。

審査会は１９７４年に開催され、地元ニューオーリンズにあったペレス・アソシエーツの基本スキームを勝者として選んだが、審査員はムーアがクリエイティブ・コンサルタントとしてこのプロジェクトに関与することを強く望んだ。ムーアがペレス・アソシエーツの作品をもとに最終設計を監督するというアレンジが行われ、最終的にはこのイタリア広場の設計監修者はムーアということになった。

具体的にはＵＩＧが主要な設計責任を負い、ニューオーリンズのペレス・アソシエーツがプロジェクトの日常管理を引き受けた。ペレス・アソシエーツが現地において、すべての技術図面を作成した。

この作業方法はオーキッドの設計においても、デザイン全体はムーアやプットマンが行い、それを現地の西岡本設計事務所（三井住友建設の一部門として発足した）という現場で図面の詳細な作成が行われるという形と同じだ。ムーアやプットマンが全体の設計デザインを行い、現地設計事務所がそれを図面に落とし込むというワークスタイルがこのイタリア広場で始まり、オーキッドでもその方式がとられた。このデザイン分離方式で、ムーアの不安定なことが多いスケッチを実質的で信頼できる設計図面に落とし込むことができた。この取り決め（その後のプロジェクトで使用したものと同じ）の結果として、ＵＩＧでの専門的および教育的使命をより実践的に統合することができた。つまり、ムーアを責任者にしてＵＩＧの初期段階の心理学者や社会学者の参加した都市設計の思想を実際の建物や構造物に昇華してデザインしていくという使命が、この方式で実行に移されたと言える。このタイプの組織の唯一の問題は、関与できる学生の数が比較的少なかったことだったようだ。おそらく３人か４人の学生しか、ムーアと協力してこのチャンスをものにできた学生はいない。マーティ・シュワルツは最初の設計コンセプトから建設までプロジェクトをたどり、おそらく最も活躍した学生だった。彼はこのイタリア広場プロジェクトについて、次のようにコメントを残している。

「このプロジェクトは私にとって重要でした。プロジェクトの過程で、私は街とそこに住む人々を知り、その場所の性格に惹かれました。数年後、私はこのプロジェクトの近くにあるテュレーン大学の学部長の職を与えられましたが、この地域のことをプロジェクトを通じて知っていたので、学部長を引き受けることは簡単な決断でした」

このように、概念的な設計思想を具体的に建物にする過程では、最初の「概念的設計者」がいて、その次にそれを大まかに設計デザインとするムーアがおり、最後に現地の環境・空気や人員を統括して実際の設計図に落とし込んでいく「現地事務所」があった。イタリア広場ではＵＩＧの初期メンバーが「概念的設計者」で、ムーアがそれを「設計デザイン」し、最後にペレス・アソシエーツが現地で設計図にする「現地事務所」の役割だった。

これをオーキッドに当てはめると、最初の概念的設計者は「ＵＩＧの人間的な都市設計思想」と「アンドレ・プットマンというデザイン界のココ・シャネル」で、「設計デザイン」にムーアが活躍し、最後の「現地事務所」が三井住友建設の西岡本設計事務所だった。この時、先のマーティ・シュワルツのように現地事務所とムーアのデザイン設計の橋渡しに動いたジェームス・マリー・オコナー（プロジェクトマネージャー）が、今もムーアが創業したデザインオフィスでパートナーとして働いている。

ＵＩＧで与えられたその他のプロジェクトをこなしていくには、実際の設計士やデザインオフィス、概念的な設計をする都市計画の専門家や他の心理学者・社会学者・医学者等を入れて合同で行われたので、どの参加者も多忙な中で時間を調整しなくてはならなかった。一方で、ムーアは世界中を激しく旅行するという研究スタイルを維持していた。だから、会議をするにしても現在のようなインターネットツールがない中で、大変な苦労があったようだ。

ＵＩＧでは週ごとに決まったスケジュールを決めて、会議などをしていたようだ。メンバーのスケジュールの調整や会議の準備などを事務局で行う必要があり、それに大学から支給された科研費を使って学生の中からインターンを雇用し、作業するようになっていた。

このように多才な学生たちや実務家が、この産学共同開発チームに参加できる仕組みが出来てきたが、その中にユーデルやルーブルの2人がいた。ＵＩＧの活動は、振り返ってみると伝統的なビジュアル・アーキテクチャーの価値観と効率性のみを追い求めた古い都市計画への必然的な反発だったと思う。学術分野の横断的な新しいビジョンが追求され、ＵＩＧは10年以上にわたって存続し、都市計画の全く新しい概念とそれを実際のサイト設計に落とし込めるノウハウを蓄積した。

このＵＩＧの活動のようなものは、今の日本の建築業界でも今後必要なものだと思う。なぜなら、日本の建築のこれまでの発想はタワーマンションに見られるように経済性や機能性、構造体への技術的追及の最終形であり、それは一見私には技術のお化けのように見えるからだ。高層階に高速で人を運ぶ最新式のエレベーターやカーテンウォールに代表される建築の経済性と未来都市のような未来感のある外観など、そこに落とし込まれた設計のもとは「新しい技術」が主役であるような気がする。ＵＩＧの活動は、そういう技術主導型の都市計画（例えば、高層ビルや地下鉄などの技術優先型開発）に疑問を持ち「本当にそれで都市に住む価値が高まるのか」という疑念から、学会横断型の都市計画概念の創成からムーアの貢献による建造物への設計イメージへの落とし込みが行われた、その結果だと思う。

このような、学会横断型の「集合住宅の概念」をもう一度考え直して、集合住宅は単に地価の高い場所に区分所有をし広い場所を確保して三次元的に集まって住む、というこれまでの概念を転換しなくては、最後に残るのは「人口減少」「高齢化」そして「インターネットによる職住接近」から、「本当に集合住宅は必要なのか」という疑問でしかなくなってしまうからだ。

そのために「集合住宅の未来」を概念的に学術分野横断型で再構築し、その概念に実際の集合住宅、管理組合の将来の在り方を落とし込んでいかなくてはならない。ムーアなら、このように演繹と帰納を繰り返す私の考えを聞いて、多分「アフリカやインド、中央アジアなど世界中の太古からある集合住宅の役割を見てきてごらん」と言うと思う。ムーアはビジネススクール流の理論遊び・モジュール組み立て型の探求方法では大した結論は出ないというのを、最初から学生に植え付けていたのだから、この「集合住宅の概念」をどうとらえるか、そして、それを「概念遊び」「言葉遊び」で終わらせないためにも、太古の歴史と世界の辺境の地で何万年も人類始まって以来の「集合住宅」とはどんなものだったのか、それを考えろと教えたに違いない。

このアプローチは、私が大学の琉球文化研究所でやってきたことに重なる。もともと飛行機の操縦を教えるのが私の教官としての使命だが、沖縄で飛行訓練を繰り返すうちに、沖縄離島の文化に深く触れる機会があり、その延長で「伊是名島」「尚円王」の物語を紡いだ（『沖縄最大のタブー琉神「尚円」』２０１８年　山下智之著　風詠社刊）。この研究には沖縄の地理、産出物の経済史、民俗学、考古学、医学、心理学などなど、琉球大学や沖縄大学など多くの教授陣やまた村長、ホテルのジェネラルマネージャー・オーナーなど多彩な沖縄で活躍する実務家の皆さんの協力なくしては完成しなかった。琉球大学の荒川教授の言う通り、彼の「ウェルネス研究所」もそうした産学共同体でかつ今後はこうした「琉球文化研究所」や「ウェルネス研究所」のような、研究分野横断型の研究が時代を作るだろう。

大学の琉球アジア研究出版会で「琉球アジア研究」なる研究誌を発行しているが、その扉に琉球大学教授荒川雅志教授は「いつからか学問は分野に区分され、別々に研究されるようになって久しい、従来の学問分野に立脚して議論する学会、学術誌がほとんどだが、本誌は、従来の学問の枠にとらわれず、あらゆる分野の研究者、実務家が自由にアクセスし、新しい視座と次代の価値創造を生み出す場となることを目指すものである。琉球、アジアのポテンシャルに新しい考証の機会と解釈を与え、大胆な仮説を打ち出す一大舞台となるものであろう」と寄稿している。まさに、このような分野横断型の概念的な研究がまずは「集合住宅」の未来についても検討されるべきではないかと思う。

ＵＩＧの学術分野横断型「概念研究」から「具体的な設計プラン」へのムーアが果たしたような役割を、今後の大学や産学共同研究体は果たす必要があるだろうし、そのＵＩＧの概念研究からスタートした都市設計の理想を追い求めたその結果として設計デザインされたオーキッドの未来も、その原点に返って集合住宅に住むことの意味から解き明かす必要があると思う。

例えば、琉球文化研究所では「ウェルテック」が次世代の住宅を評価する大切な基準になると考える。人間の健康長寿に貢献する「技術や条件」を研究するのが狙いだ。沖縄が日本で唯一の「ブルーゾーン」であることから、沖縄とそれ以外の都道府県の生活の違いから問題を掘り起こし、健康寿命を長く延ばす方法を考えるのが目的である。住まいの「ウェルテック」もその研究の重要なテーマで、教授陣のいろいろな意見の中で、長寿に貢献する要素をほんの少し紹介すると、自然との触れ合い、世代間のコミュニケーション（若い世代に対するアドバイスや助言がおじい、おばあの健康には効く）、ストレスの低減（食事の注文や基本的な生活の中で人に頼むことを減らすことや建物の使い勝手を技術の進歩にそって進化させるのではなく、むしろレトロな古い時代のまま現在あるがままに維持したほうが、そこに住む人のストレスを低減し健康寿命を延ばすという研究もされた）、芸能やゲーム趣味の競争段階を踏む成長があること、などが効果があるという研究結果が出ている。これらは研究結果のほんの一部だが、多くは脳科学・医学・心理学などの専門分野から派生している。このような研究成果を少しずつでもオーキッドの建物というインフラに住人自らの合意形成や議論の末に取り入れていくことは、１００年住宅オーキッドのさらなるグレードアップには欠かせないと思う。

こうした次の時代に対する危機感は、当時のＵＩＧに参加していた学生や実務家すべてが持っていた問題意識であった。一方ではプロの会社として活動し、他方では建築学校・大学の教育機関として研究活動することのフラストレーションは、全員が強く感じていたという。その欲求不満は多くのスピンオフにつながり、「ムーア・ルーブル・ユデル」はその中の中心的存在で、この「ムーア・ルーブル・ユデル」こそ、実際にオーキッドコートを概念的なデザインから設計デザインに落とし込む作業をした事務所で、現在のこの設計事務所のホームページにもオーキッドコート・プロジェクトはしっかり開発事例として記載されている。

ＵＩＧをスピンアウトし、オーキッドのデザインを手掛けた　バズ・ユデル（オーキッドコート・プロジェクトリーダー）らスタッフ（オーキッド設計当時の写真）。

Moore・Ruble・Yudell（ＭＲＹ）という３人のパートナーが、１９８８年にこのＵＩＧをスピンアウトして事務所を作った。このＭＲＹは言ってみれば、ＵＩＧの概念的な建築や都市設計に対する理想を追い求めた実務経験豊かな、しかも学識経験のあるＰｈ．Ｄや教授たちが、実際に街やサイトをデザインするために独り立ちしたものだ。オーキッドをゼロからイメージして設計に結び付けたのもこのメンバーで、オーキッドそっくりのベルリンテゲル湾プロジェクトも彼らの手でオーキッドプロジェクトの始まる５年前に完成されている。

だから、オーキッドの設計やデザインには、もともとこの産学共同体であるＵＩＧのグループの活動を引き継いだ研究成果の結果としての建物がある。その遺伝子は、「理想の都市設計」をまず打ち立てて、それを実設計に落とし込んだという過程で、オーキッドの実際の建物や庭園の中にも「都市の理想」「周辺環境の価値に貢献するシグネイチャーな開発」を実現させていったと言える。

オーキッドコート設計に関与したチャールズ・ムーア以外のＭＲＹパートナーたちの経歴も記しておこう。彼らは都市設計の産学共同学術研究グループＵＩＧをスピンアウトし、オーキッドコートのプロ

現在の Moore Ruble Yudell Architects & Planners（ＭＲＹ）メンバーズ

ジェクトリーダーとして神戸に理想の都市開発思想に基づいた地域のランドマークとなるオーキッドコートを生み出した創造者だ。

BUZZ YUDELL、FAIA、Partner――

バズ・ユーデル、FAIA アメリカ建築家協会フェロー、パートナー
（オーキッドコート　プロジェクトリーダー）

バズ・ユーデルの建築への情熱は、芸術的関心と社会的関心の統合から生まれました。イェール大学在学中、彼の建築作品は、技術についての科学と人間を対象とした人文科学の探求の両方によって裏打ちされていました。イェール建築大学の大学院での研究は、これら人間科学と建築技術の境界を現場での小規模な建設から地域社会の参加や都市設計まで、さまざまな規模に拡大し適用しました。ここイェール大学で、彼はチャールズ・ムーアとの長い付き合いを始めました。１９８７年、バズ、チャールズ、ジョン ルーブルはムーア・ルーブル・ユデルを結成しました。ムーア・ルーブル・ユデルは、ヒューマニスティックな価値観の共有に基づくパートナーシップであり、オフィス内だけでなくクライアントやコミュニティとのコラボレーションを重要視しています。

バズはジョンと集中的に協力して、キャンパス、文化、市民、住宅、商業建築を含む総合的な建築や開発など、ＭＲＹ事務所の実績と実際のプロジェクトについての専門知識を積み重ねました。彼らは共に、持続可能なコミュニティのための計画と建築のパイオニアとして会社を率いてきました（著者注：３０年前の当時からＳＤＧｓ〈持続可能な社会〉の概念は研究されており、その建築への応用はＭＲＹの主要な設計テーマの１つだった）。ヨーロッパで３０年以上働いている Buzz と John は、持続可能な建築への高度なアプローチを米国の数多くのプロジェクトにもたらしています。

バズは、シンシナティ大学のスティーガー学生生活センター、カリフォルニア大学サンタバーバラ校のマンザニータ・ビレッジ・ハウジング、カマナ・ベイタウン・マスタープラン、グランド・ケイマン、マスタープランなど、幅広いコミュニティおよび市民プロジェクトのプロジェクト設計を主導してきました。ドイツの新しい町の計画、サンタモニカ・シビックセンター計画内の住宅およびコミュニティ施設のマスタープラン、スウェーデンのマルメで開催された住宅展示会の持続可能な都市住宅、カリフォルニア大学ロサンゼルス校、カリフォルニア大学バークレー校、ダートマス校などのキャンパスのマスタープランと新しい建物カレッジ、マサチューセッツ工科大学、カリフォルニア工科大学、新しいサンタモニカ公共図書館、ドイツのベルリンにある新しい米国大使館などを設計し建築しました。

キャリアを通じて、バズは教育、執筆、コミュニティ・サービスが、場所とコミュニティを形作り、建築の理論的および文化的役割の進化において重要であることを発見しました。イェール大学、カリフォルニア大学ロサンゼルス校、テキサス大学オースティン校で教鞭を執り、カリフォルニア大学バークレー校で著名なハワード・フリードマン建築学科長を務めたことを光栄に思います。

２００６年、バズとジョンのリーダーシップは、同社がアメリカの建築事務所に与えられる最高の栄誉である全米建築家協会賞を受賞したときに認められました。また、２００７年にバズ・ユーデルとジョン・ルーブルはアメリカ建築家協会ロサンゼルス・ゴールドメダル賞を受賞しました。

〈原文〉

Buzz Yudell's passion for architecture grew out of a synthesis of artistic and social concerns. While at Yale College, his work in sculpture was complemented by exploration of sciences and humanities. Graduate studies at the Yale School of Architecture expanded these boundaries to a range of scales from small construction in situ to community participation and urban design. Here, he began his long association with Charles Moore. In 1977, Buzz, Charles and John Ruble formed Moore Ruble Yudell, a partnership based on shared humanistic values and a celebration of collaboration within the office and beyond to their clients and communities.

Buzz has collaborated intensively with John to expand the firm's expression and expertise to include campus, cultural, civic, residential and commercial architecture. Together they have led the firm as pioneers in planning and architecture for sustainable communities. Working in Europe for over thirty years, Buzz and John bring advanced approaches to sustainable architecture to numerous projects in the United States.

Buzz has led project design on a broad array of community and civic projects including the Steger Student Life Center at the University of Cincinnati, Manzanita Village Housing at the University of California, Santa Barbara, the Camana Bay town master plan, Grand Cayman, master planning for new towns in Germany, master planning for housing and community facilities within the Santa Monica Civic Center plan, sustainable urban housing for the Bo01 Housing Exhibition in Malmö, Sweden, master planning and new buildings for campuses including UC Los Angeles, UC Berkeley, Dartmouth College, Massachusetts Institute of Technology, California Institute of Technology, the new Santa Monica Public Library, and the new United States Embassy in Berlin, Germany.

Throughout his career, Buzz has found teaching, writing, and community service to be critical in the evolution of both the theoretical and cultural role of architecture in shaping and celebrating place and community. He has taught at Yale, University of California, Los Angeles, University of Texas, Austin, and was honored to hold the distinguished Howard Friedman Chair of Architecture at University of California, Berkeley.

In 2006, Buzz and John's leadership was recognized when the firm received the National American Institute of Architects Firm Award, the highest honor that can be bestowed to an American architecture firm.

In 2007 Buzz Yudell and John Ruble received the 2007 American Institute of Architects Los Angeles Gold Medal Award.

現在このＭＲＹのパートナーで、実質的な世界中の開発計画を主導していて、オーキッドプロジェクトでも学術研究の最先端を実際の設計に落とし込むという困難でチャレンジングな役割を担い成功に導いた最も重要なプロジェクトリーダーの１人であるオコーナー氏の経歴についても記しておこう。

JAMES MARY O'CONNOR、FIFA、Principal——

ジェームズ・マリー・オコナー、アメリカ建築家協会フェロー、プリンシパルパートナー（オーキッドコート・プロジェクトリーダー）。

アイルランドのダブリンで生まれ育ったジェームズ・メアリー・オコナーは、ダブリンのトリニティカレッジで建築学の学士号を取得、ダブリン工科大学で建築学のディプロマを取得したのち、１９８２年にフルブライト奨学生としてＵＣＬＡのチャールズ・ムーアに師事、ＵＣＬＡで建築学の修士号を取得しました。

ムーア・ルーブル・ユデルのスタジオリーダーとして、ジェームスは住宅、学術、多目的用途の都市プロジェクト、カリフォルニアサンノゼのホラス・マン小学校とフェアモントタワー、日本の西岡本プロジェクトなどの設計とプロジェクト管理に積極的に関わってきました。スウェーデンのマルメにあるポタティサケン・タンゴプロジェクト、マニラにある多目的開発ヨダプロジェクト、中国の天津にある天津ニュータウンなどの大規模な住宅および計画プロジェクトで、国際的な仕事が評価されています。彼のデザインへの探求心は、ロサンゼルスのサンロー発電所プロトタイプやサンタモニカ・シビックセンターにも反映され、また北京万国センチュリーセンターなどの国内外のデザインコンテスト、メリーランド州カレッジパークにあるクラリス・スミス・パフォーミングアーツセンターなど数々のデザイン賞を受賞しています。過去１５年間、James はＵＣＬＡ、ＵＳＣ、SCI-Arc、カナダ・カルガリー大学、ハワイ大学、天津大学や同済大学などで建築の講義なども行っています。

〈原文〉

[JAMES MARY O'CONNOR]

FAIA

Principal

Born and raised in Dublin, Ireland, James Mary O'Connor came to Charles Moore's Master Studios at UCLA in 1982 as a Fulbright Scholar. James received his Bachelor of Science in Architecture from Trinity College in Dublin, his Diploma in Architecture from the Dublin Institute of Technology, and his Master of Architecture from UCLA.

As Principal-in-Charge, James has provided spirited design and project management for residential, academic and mixed-use urban projects, including: Kobe Nishiokamoto Housing in Japan, the Horace Mann Elementary School and Fairmont Towers Hotel Addition, both in San Jose, California. International work has become a focus, with large-scale housing and planning projects such as the Potatisåkern and Tango projects in Malmö, Sweden, the mixed-use development Project Yoda in Manila, and Tianjin-Xinhe New Town in Tianjin, People's Republic of China. His interest in uncommon building types is reflected in the Sunlaw Power Plant Prototype in Los Angeles, and the Santa Monica Civic Center Parking Structure. With irrepressible energy, James has also led Moore Ruble Yudell teams in national and international design competitions, such as the Beijing Wanhao Century Center, and the winning design for the Clarice Smith Performing Arts Center in College Park, Maryland. Over the past 15 years, James has taught design studio, lectured, and has been invited as guest critic at UCLA, USC, SCI-Arc, University of Calgary, Alberta, University of Hawaii, Manoa, Tianjin University School of Architecture, China, and Tongji University School of Architecture, Shanghai, China.

このように　オーキッドコートは単なる建築家の設計ではなく、都市設計に関わる学術研究チームによって、地域環境に貢献するアイコニックなランドマークとなり、住人の人間的に快適な持続可能な住環境を将来にわたっても提供するようなアカデミックな概念設計から落とし込まれた設計だった。

現在も Moore・Ruble・Yudell（ＭＲＹ）　はカリフォルニアと上海に事務所をもって、学校、役所や市民の公共建物、国際的な住環境の整備、都市の設計、開発のための調査研究、交通機構やそれとの複合施設など（Campus, Civic & Cultural, Houses/Housing Interiors,

Planning & Urban Design, Research & Laboratory, Transportation & Mixed-Use）の活動を活発に行っている。

そして、オーキッドについては以下のように紹介している。

NISHIOKAMOTO MASTER PLAN & HOUSING、*Kobe, Japan* ——

９エーカーの敷地のマスタープランには、３００の高級マンションの設計に加えて、この地域に根付く西洋文化を強調するアメニティが含まれていました（著者注：魚崎・住吉村の邸宅群のレガシーを盛り込んだということ）。デザインはまた、居住者に画期的な目的地としてのランドマーク、リゾート地のような空間を提供します。かつては天然の泉のあるなだらかな丘の中腹だったこの場所は、戦後復興期の開発によってひどい高低差で小さく区画された土地になってしまいました。私たちのマスタープランには、地形の本来の復元と同時に一連の庭園と建物の調和が図られました。

マスタープランは、山の水源から草地を通り、海へとそれぞれの「庭」を移動する「自然な」流れを生み出すことによって、本来この土地が持つべきあるべき姿を取り戻そうとしたのです。この一連の流れは、プロジェクトと都市を視覚的に結び付ける建物と庭園の正式な軸線と交差しています。自然光に沿った建物は、より自由に形作られ、配置されていますが、正式な軸線上の建物は対称的・シンメトリーでありつつ、日本の厳しい自然光の要件を満たすためにプロファイル（外見）が建物ごとに少し異なります。建物は３階から８階に分かれており、１１階建てのタワーが軸線を囲み、プロジェクトの中心になっています。建物間の空間は、建物自体と同じくらい重要な要素として、住民や訪問者にさまざまな体験ができるように計画されています。

〈原文〉

The master plan of this nine-acre site involved a design for 300 high-end condominiums plus amenities that would reflect and enhance the image of western influence in the area. The design would also provide a landmark destination for its residents and offer a resort-like atmosphere. The site, once a rolling hillside with a natural spring, had been radically graded into flat pads for barracks-like post-war housing. Our master plan involved the restoration of the topography and the configuration of perimeter buildings around a sequence of gardens.

The master plan is based on retaining a sense of the original character of the land by establishing the creation of a “natural” path which moves from a water source in the mountain garden, through the meadow garden and on to the ocean garden. This path is crossed by a formal axis of buildings and gardens which visually links the project to the city. The buildings along the natural path are shaped and sited more informally, while those on the formal axis are symmetrical, varying in profile to meet strict Japanese requirements for natural light. The buildings step from three to eight floors, with a pair of 11-story towers framing the formal axis and centering the project. The spaces between buildings are shaped and detailed to be as important as the buildings themselves, and to provide varied experiences for the inhabitants and visitors.

下線のある natural spring（＝天然の泉）があったことは建設時の関係者の間でも記憶されており、「確かに異常な湧き水があった」というコメントが多い。

現在でも久原邸時代からある井戸水は庭園のブロードレイクや滝の流水、植栽の灌漑用水として活用されている。水はオーキッドにとって欠かすことのできない環境要素の１つであるが、全体のランドスケープがこの水の流れから始まったであろうことは、オーキッドに住まう人にとっては誰も異存はないと思う。

プットマン、ムーアそしてもう１人のデザイナーである、この水や庭園について詳しく見ていこう。

5．水・庭園というデザイナー

ムーアの建築における水への関心が高かったことは、彼のプリンストン博士号論文から推察できる。

論文でムーアの議論の中心にあるのは、水の流れ・あらゆるものに対して接続する柔軟性への興味関心だった。つまり、世界中のすべての水がつながっているという概念だ。ミシシッピ川とインド洋はつながっているし、同じ性質を持つ水滴やお茶は手元にもあるが、その水は結局大海につながる川や湖、地下水を採取する方法しかない。

ムーアはこの水のパラドックスに魔法を見たようだ。つまりすべての水はつながっている一方で、水を生成するのは困難だということ。また論文では、流れの力は脅威であるが、一方で水の繊細さは力であり魅力だという。

ムーアは、この水という身近なのに作るのが難しく、洗うことのできる優しさがあるのに水害のもとになる狂暴さもある、この二面性に魅力を感じていた。これは、先のプットマンがあらゆることの背反性に興味を持って、物事のアンチテーゼをデザインに生かし続けたことと共通している。白と黒、動と静、光と影。装飾と実用。アールヌーボーとミニマリスト。日常とデカダンス。水はそういう反するものを包含している代表と言えよう。

このことを想像すると、日本人は陰陽学を思い浮かべ、白と黒の巴が組み合わさったあの円形の家紋「二つ巴」を思い出す。そこに直線はなく、円を描く曲線だけで完結しているデザインだ。水はそのような情景を想像させる。

水はまた実用的なもの、例えば光の反射や光沢を生み、魚崎・住吉界隈では水車によって粉ひきも脱穀もそして麹の醗酵も行われたし、一部では電気も作っていた。一方で、水は完全に装飾的に使われたりもしている。

例えば、噴水も最初は完全に装飾的なものだし、ジェットの水やカスケード（滝）も装飾的だ。オーキッドでも滝は外から眺めるだけでなく、連続する水が織りなす透明のカーテンは滝の裏側からも観察でき、日常の空間と全く違った一種の神聖な異空間を切り取る役目もしている。そしてプールは、そのような優雅な無駄の中で、オーキッドの住人にとって重要な、なくてはならないユーティリティになっている。

オーキッドには水車はないが、そのうち、もし天然の温泉が活用できるようになったなら、温泉として使った後の排水には水車を配して、自家発電の一部として水のエネルギーの最後の１滴まで活用したいものだ。

陰陽道、水車、滝、異空間への入口、それにオーキッド住人の健康寿命を維持するための健康の元素を提供してくれる水はやはり、もう１人のオーキッドのデザイナーと言っていいだろう。

そしてムーアはあらゆるところで、この水というデザイナーをアシスタントとして徴用している。海の風景、噴水、運河、プールを写真に撮ったり、スケッチしたり、水彩で描いてデザインの参考にした話は有名だ。また、アースカラーのウォッシュのために、ブラシをコーヒーに浸して造形することもあったという。

ムーアがローレンス・ハルプリンと一緒に設計したオレゴン州ポートランのラブジョイ噴水カスケードは、シエラカスケードの砕ける白い水を思い起こさせることを意図していたという（オーキッドの三井不動産の撤退で建設されることのなかった建物の１つは、ムーアの設計図によると「シエラタワー」と呼ばれている。ムーアは水の出どころは山であり、山はいつもシエラという固有名詞で連想されるものとして考えていたようだ)。

ムーアが設計した海辺の市民センターには、水で満たされた中庭があり、それぞれの島の中にはヤシの木があり、スペインのパティオ、島、果樹園、水たまり等が重層的に配置された複合体だった。

また、ムーアは水を表現するのにユーモアのセンスを取り入れた奇抜なものも時には設計している。サンタバーバラ・ファカルティクラブでは、噴水は振動する芝生のスプリンクラー(郊外の庭園で使用される装置)で作られ、滑らかな傾斜面のタイルに設置したスプリンクラーは見る人を楽しませている。ニューオーリンズでは、イタリアのムー広場でトレビの泉のような池を設置している。

このように自然の水が作る偶然の情景を人工の建築のデザインに落とし込む手法は、最近高野山金剛峯寺襖絵を描いた千住博の作品を髣髴とする。くしゃくしゃと丸めた和紙を垂直に立てかけてその上部から色のついた水(墨汁)をたっぷりと流し込んで、滝の水の滴る様子を表現し、下の部分では滝つぼに落ちた後水しぶきを上げるような情景を乾いた刷毛や大きな筆で乾く前になぞって表現していく。

私は一度、大学の研究者の集まりでその空海が眠る部屋の前室に当たる部屋全方向にしつらえたこの滝の襖絵を見た、というより、その滝の中に行ったことがある。静かな滝の音が部屋全体にこだまして、畳の表面はいつも揺れているような変な感覚がした。この三次元を超えた空間で空海が千年以上生きて、今でも「衆生救わでやまじ」と即身仏になったその時空のゆがみとが不思議とつながっているような感覚になった。

そう、水の動きは私たちに三次元以上の共振、異界の存在を教えてくれる。多分、ムーアもこの水の持つ多次元能力に魅力を感じていたのではないかと思う。オーキッドの敷地も最初に書いたように、もともと水を伴って、保久良神社から本山・丘の元（岡本）そして魚崎という山から海へのこの数か村の村全体の地形情景を縮尺したような、丘から下の池へのなだらかな相似形の地形をしていた。

この相似形のおおもとはやはり水のなせる業で、最初に住宅にした久原さんもこの流れを受け止め、それをデザインの基本にして邸宅を完成しているし、ムーアのベースデザインも、六甲山からの山並みを海にまでつなげた水を中心に地域の地形のメタファーであったとの記述も見られる。これは、この土地の運命と言うべきだろうか。

オーキッドのデザイン画には「ファウンテン」「クリーク」「キャスケード」「ブロードレイク」など、水の形を変えた情景の名前が並ぶ。結局、これは久原邸時代のデザインと何も変わっていないと感じる。

その流れはあまりに自然だったので、ランドスケープを検討した時に、これ以外の奇をてらった人工的な構築物を作り出すエネルギーはどこにもなかったと思う。そういう意味で、現在のオーキッドのデザインは、もともとの土地の流れ、気の流れを取り込んだ、必然のデザインだったと思う。ムーアのようなスケールのある水使いでなかったなら、ひょっとしたらこのオーキッドのデザインは生まれていなかったかもしれない。

彼の水使いの技は、ミシガン湖のほとりに計画した公園でも見られる。それはシカゴ・ワールドフェアのためだったが、ミケランジェロのカンピドーリオ広場のようなパターンなのに、その周りには広場を取り囲む堀に、湖から水が引き込まれている。

ニューオーリンズの世界のフェア（テーマは「水の源」）では、水の造形や水を使った建築様式がいろいろと展示・設計され、長い間市民を楽しませた。例えば、巨大な観覧車の回転する下に水が張られ、明るく塗られたオブジェやショップ・動物の彫刻・それにライティングなどの周りに、水がこれでもかというほど進入している。

この水がムーアの言う概念的にすべて太平洋やインド洋あらゆる地球上の場所に流れ込む（瀬戸内海やオーキッドのブロードレイクすらつながっている）とすれば、もう地上の物質や生命で水と切り離して存在することは不可能だということを嫌でも思い知らされる。

このことは、プットマンのデザインが世界中の我が家とつながっている感覚を呼び起こすことと全く同じだ。攻撃的なプットマンはいろいろな世界のデザイン様式を違和感なく押し込んで示したことを、気配りのムーアは水という接続帯を用いて表現したと思う。

この感覚、世界中がつながっているという感覚は、私たちは最近のパンデミックという現象でも嫌というほど体験した。このコロナ時代を経て、もう誰も、国や地域でそこだけが独立した健康や幸福の追求が無理だというのを思い知らされたような気がする。そして、ムーアはもう半世紀も前に水を介して世界はいつもつながっているという奇妙な異次元性を感じていたのではないかと思えてしょうがない。それだけに「水」のないデザインなど、ムーアにとっては「乾いた砂漠」「孤立した狭い部屋」に思えたと思う。

ムーア自身のオースティンの家でも、メキシカン・テラコッタのドラゴンが口から吐き出した水をプールに流し込んで、近くの高速道路や鉄道の騒音を隠すのに役立っている。これは「久原房之介の意地」の節で述べた六本木の孫さん家と同じだ。彼の家もそのすぐ隣を首都高速環状線が走っているので、その音を打ち消すためにわざわざ一番端っこの和室の前に小さな滝を作っている。孫さんは「人間は人工的な音より自然の水の音のほうを拾うという生理的な癖がある」と言っていた。確かにその和室で聞こえてくるのは、ほとんどが水の流れの音だったような気がした。

ムーアの水に対する執着は細部にも及び、シャワーを浴びるという行為も１つの独立した生活行為ととらえ、バスタブの壁にシャワーヘッドを取り付けることの代わりに、シャワーのためだけの部屋を作った。この独立シャワールームは現在ではホテルやハイエンドな住宅では当たり前となっているが、ムーアの時代にはまだポピュラーではなく、彼によってこの方式が広められたと言っていいだろう。

この流れは、プットマンがバスルームを開放して廊下の先の小部屋に作るのではなく、窓のある眺めのいいバスルームをハイエンドホテルで設計デザインしたことを思い出させる。

オーキッドの建設当時は、バスタブの中にシャワーの水が流れ落ちる方式（バスタブに落ちるシャワーの水がバスタブ以外の場所に飛び散らないようにビニールのカーテンをバスタブ横にしつらえる）が主流だったところ、オーキッドでは独立して別の場所でシャワーが浴びられるように、バスタブの外側にシャワーヘッドが竣工時から設置されている。シャワーヘッドも、新築時の３０年前には珍しかったドイツグローエのエアーウォーター・シャワーヘッドが取り付けられた。ムーアの家では、ヒマワリの花から半透明のグラスファイバー屋根の亜鉛メッキをしたメタルシャワールームの中で、水を優しく体にかけてくれるようになっているという。

ムーアの風水的な設計思想は、ムーアの最初の頃の設計デザインであるシーランチにもよく表れている。地球上に永遠に続く大海原に落ちる劇的な崖の向こうを牧場（生命を水の中で育んでいる）とみなし、その下で催眠術にかかったようにリズミカルに打ち寄せる波は、絶え間ない魅力の源だとムーアは言う。あるエッセイで、ムーアは水の魔法について次のように書いている。

水は素晴らしいものです。形はありませんが、最も硬い岩を侵食し、さまざまな種類のものに独自のオーラを与えることで流動的に見せることができます。

水は、ローマ人からカリフォルニア人、そしてエジプト人に至るまで、世界の人間の国家組織を形成するのに役立ってきました。ナイル川では毎年浸水して敷地境界線を汚し、水が引いた後、季節ごとに境界を引き直さなければなりませんでした。何千年もの間、水は詩人の手に渡り、生命、健康、そして血の、さらには死と生命のリズム（貞操さえも）のような時を語り、時には喜びを語り、水しぶきと輝きと涼しさを語る。そよ風と人間の快適さ。しかし、水が制御されていない場合、それは世界の脅威です。洪水と津波の形状と漏れが沈没船の船体をゆっくりと満たします。

水は、少なくともその建築的表現において、私が建築の博士論文のトピックを探していたとき、私には刺激的な主題のように見えました。

ムーアが水を魔法の物質と言った理由は２つ。水の「二面性」と水には「つながりの力」があるということだ。

地球上のどこにいても、水はつながっている。小さな流れ、大海でも、そして池や水を入れたボウルでもすべてつながっているという概念がムーアを興奮させたのは間違いないだろう。海を見て神秘性や生命の力を感じるのも、水のなせる業というわけだ。そして、すべての場所に潜んでいる水は環境の優しさや快適さを提供する一方で、狂暴な自然災害のおおもとでもあるという二面性もある。

プットマンのデザインの二面性は対照的な別のものを並べた二面性だったが、この水の二面性は１つの「水」が持つ二面性だ。光がある時に人は「白」を感じ、ない時には「黒」を感じる。デザインがこってりあると「アールヌーボー」を感じ、デザインのゴテゴテがない時は「アールデコ」を感じ、直線で最低限の機能だけの時は「ミニマリスト」を感じる。このように対照的な２つのものや現象があるかないかで、プットマニアな掛けつなぎ対照性は作られている。それに対して、ムーア的な水の対照性はどちらも「水」の中に存在するという違いがある。

多分、ムーアもプットマンも世界中を旅行してそのアイデアや創造力を磨き、オーキッドのバランスの取れた対照性を中心にしたデザインを仕上げていったと思う。

プットマンは常に違うものを見ていたのに対し、ムーアはどこに行っても同じ水がありそれが全部つながっているという感慨にふけったのではないかと思う。

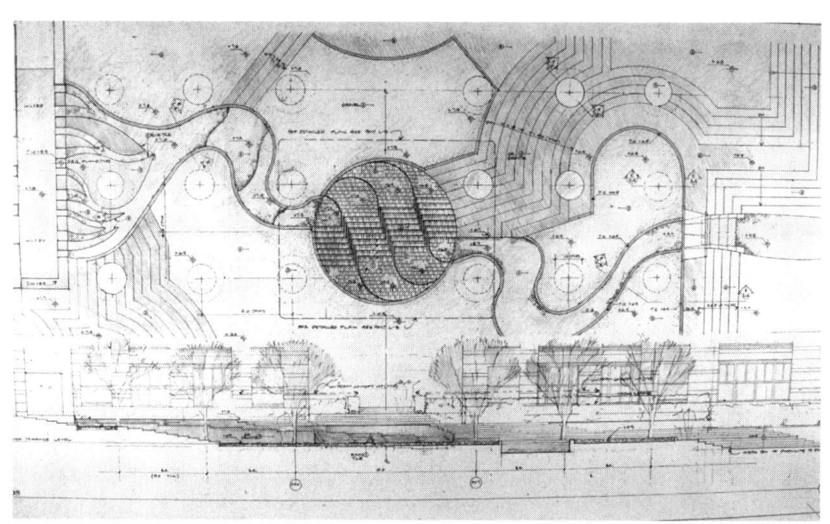

滝の下の小川からブロードレイクに至る水流のデザイン（オーキッドコート）。二面性と連続性、プットマンとムーア、水流はそれらの結節点だった。

だから、建物や意匠の細かな点で複合的な要素のごった煮を感じると同時に、水を中心にそれがすべてつながって連続して変化しているという情景をオーキッドは持っている。

この２人のデザイナーがもし、とことん両方のデザインの概念を突き詰めて最後に残った本質的な部分だけを抽出してデザインをしたら何が起こっただろうかと想像することがある。
オーキッドでは、ムーアの暴走も、プットマンの暴走もなく、両者の間に「水」という接続区域があって、それが異種なものの調和を形作っていると感じるが、この異種なものを削って削って本質的なものだけを残したなら、多分日本の「茶室」にたどり着くと思う。実はこの「茶室」的なものを、オーキッドはすべての専有住戸がどこかに持っている。
どの専有住戸でも８畳程度のオーキッドにしては狭い部屋がほとんどの場合、茶室風の完璧な日本間になって存在している。畳だけでなく、天井から床まで全面が窓になったガラス張りのカーテンウォールやベランダに続くガラス引き戸に寄り添うようにしつらえてあるのは、他の部屋のような木製の塗装されたカーテンボックスではなく、床の敷居木にレールのような掘り込みをして、そこにしつらえた「全面の明り取り障子」なのだ！
これは最近の芸術の島、瀬戸内海の直島に出来た杉本博司の作品「硝子の茶室『聞鳥庵』」まさにそのものだ。全面が庭や景色を取り入れながら、一方の壁には茶室そのものが存在する。日本人の感性から言えば違和感すら覚えるこの日本間の配置設計は、やはりムーアやプットマンという特異なセンスの持ち主の作品と言えよう。
この和室の障子の向こうには「縁側」のような板の間もあって、昔魚崎にあった祖父母の家の庭先の縁側に寝そべったりして冬の陽だまりを感じる経験も、オーキッドの上層階で経験することができるようになっている。この日本間のデザインもムーアの設計事務所での設計図面に最初からあったと聞いているが、ムーアの日本文化への理解に脱帽である。
この茶室風日本間はほとんどの部屋で太陽光を採り入れる場所に作ってあり、プットマン的な光が空間を切り取る場所になっている。

壁は漆喰風の薄茶色、畳以外は縁側のような本物の木、襖のある戸袋、天井には簡単な障子の欄間もあり、祖父母の家で経験したすべての日本的建築を感じ、懐かしいと感じる。

ここに畳を切った茶釜を据えれば立派な茶室になる情景で、茶の湯の研ぎ澄まされた空気の中で水を愛で、大海とつながった湯を扱えば、そこには別の世界が現れる。これも杉本博司の作品「硝子の茶室『聞鳥庵』」と全く同じ。ここでは広大な海の光を垣間見るだろうし、同じ瞬間、私たちは小さな茶碗に自分の姿が映るのを見る。

これはまた偶然にも、直島の草間彌生のこけら落としの作品「ナルシスの庭」と同じ感覚だ。ムーアはこういう小さな茶室日本間に視覚的なつながりを作ったり、より大きなものへの独自のリンクを水で冷やし、指を冷やすことをこの茶室で感じさせたかったのではないか。オーキッドという大きな流線型のアメジストの中に茶室というきらりと光るクラスター「日本間」を忍ばせている。

このことは、オーキッドを望む保久良神社の古代からの教えでもある「循環」という考えにも通じる。その循環で水はすべてから来て次に水が蒸発して雲になり、落下して雨が降り、小川を駆け抜け、川に集まり、その後、海に流れ込み、再び蒸発する。古代人の遺跡には、誰も見ることができない水が上がっていくことですら、神社の言い伝えには残されているという。

保久良山の上には、「灘の一つ火」という古代、同神社の御祭神「椎根津彦命」の時代からある灯台用の灯ろうが今も現役で働いている。瀬戸内海を行き来する古代の船や人に、ここが安全な人の住む場所だということを伝えていたものだ。だから、古代からこの保久良山や金鳥山は海につながっていた。言い伝えでは、「山の民」と「海の民」の出会いの地がこの岡本、本山、魚崎界隈だったという。神話でいう「海彦・山彦」のことであろう。

このように、オーキッド界隈はもともとムーアのシーランチのように山が海につながる形状を持っていたのだ。そして、その相似形・メタファーであるオーキッドがまた、六甲山系から海に向かう壮大なテーマをそのままムーア・プットマンという対照美を交えて完成した。それはまるで、久原邸の時代からこの土地がそのように運命づけられていたかのように、自然とこのデザインが出来てきたと思う。

オーキッドのあるこの地は、実は縄文時代の山から海への半島であり接続地点だった。国土地理院のＷＥＢ地理院地図を見ればわかる。縄文時代に海面が高かった時代、１０ｍ程度海面が今より高かった時代（縄文進水面という）のオーキッドの敷地は、岬の突端であった。隣の深江というのはまさに深く切り込んだ入江で、その向こう芦屋川のヨドコウ迎賓館までの湾曲した入江が、保久良山の下まで続いていた。

縄文海進の様子。黒い部分が半島。丸で囲った部分がオーキッドの場所。海が保久良山下まで入り込んでいたのがわかる。（国土地理院 WEB 地図より引用）

だから、今に残る「魚崎」は、オーキッドを先端にした岬だった。言わずと知れた「魚崎」は魚の集まる岬・崖の先の場所だったという。だから、漁師町だった魚崎の航海安全の拝み所が、このオーキッドの東の端に一部飛び地として漁師部落のものとして残ったというのが、祖父や祖母から聞いていたこの辺りの神代の歴史だ。

オーキッドを出て甲南大学のほうへ向かうと、急激に住宅街の中で坂の傾斜が激しくなるのがわかるし、その途中に大きな岩が転がって落ちたままの状態で残って駐車場の入口を半分塞いでいるところもある。

西岡本４－５にある「野寄の大石」と呼ばれる花崗岩の岩塊で、地面より高さ２．１ｍ、周囲１４ｍあり、百万年～数十万年前の貝類で侵食された穿孔が多く見られるが、この地が海岸線だった証と言われる。

続いてその辺りを歩くと、オーキッドの敷地から急に一旦は野依地区で低くなるが、また山に向かって急峻な崖が上に延びているのを感じる。つまり一旦低く下った場所はその昔海だった場所で、その海から沖縄万座毛のようにほぼ垂直な崖が延びて、そのまま保久良山や金鳥山に登っていたのが手に取るようにわかる。

オーキッドの立つ場所は、その海に突き出した岬の突端だ。縄文海進が沈静化して地球が冷え、北極の氷が再生して海が低くなっていくと、オーキッドの先にあった鋭敏な岬の細い海へ突き出した通路のような土地を挟んで今の平野が出来ることになる。１万年続いたと言われる長い縄文時代には、海洋民族だったもともとの民族は魚を追い求めて暮らしたというが、そういう海洋民族の集団がこの魚崎周辺に住んでいたとしても不思議はない。

一方で、金鳥山とその向こうの六甲山は裏に続く中国山脈の表というか、南の端であり、多分いくつかの山を越えて渡来した九州や朝鮮半島からの山の民もこの金鳥山の近くまで来ていたと思う。そう、ここ、オーキッドの周辺は多分そういう縄文の海の民と弥生期の山の民の結節点だったと思う。石器時代からあると言われる保久良山頂上の「灘の一つ火」は、その山の民が海の民に向けて発信していた通信だったように思えるのは私だけだろうか？

深江に続く「青木」という町名は「おうぎ」と読み、「大亀」から派生したと聞いたこともある。子供の頃には、浦島太郎の伝説はこの青木で起こった深江浜の物語に違いないと思い込んでいたものだ。そして、弥生時代の集落跡地が会下山（えげのやま）遺跡として残っている。この遺跡も保久良山のすぐ下にある。

会下山遺跡は、兵庫県芦屋市内の北方から南に傾斜する六甲山堤の西半分にある弥生時代中期から後期の高地性集落遺跡。社会史的に重要かつ著名な遺跡であり、１９６０年（昭和３５年）に県の史跡に指定された後、２０１１年（平成２３年）２月７日に国の史跡に指定された。（ウィキペディアより）

縄文海進の時代に魚崎半島突端にあったオーキッドの場所から、今度は深江・青木の反対側、西側を見てみよう。

西の海の向こうには、今より小さいが淡路島が見えたはずだ。この淡路島は神代から「おのころ島」と呼ばれ、古事記に記されている神話の中におのころ島に関する話がある。おのころ島は、イザナギとイザナミの神によって生み出された日本発祥の地と言われる。空から矛で下界をかき回し、引き上げた矛の先から海に落ちたしずくで、おのころ島が出来たとされている。その後、夫婦となった二柱はまずは淡路島を、そして四国をと次々と島を生み、最後に生み出したのが本州だと言われる「おのころ島」伝説だ。

これは多分、瀬戸内海の渦潮のことを言っているのだと思う。そういう神代の島つくり神話を西に、東には深江と大きな亀伝説の青木、そして「山の民」と「海の民」の結節点だった「灘の一つ火」を仰ぎ見て、このオーキッドの場所は縄文時代からしっかりとした半島の台地だった。

こういう太古の昔から地区の中心地であったオーキッドの場所は、その時代から現在のような「水」のメタファーのような建造物を想像させるのに十分な背景を持っていたと思う。

「水」を研究テーマにしたムーアは時々、先に記した高野山金剛峯寺襖絵を描いた千住博の手法も使った。砂の箱庭に水を流し、その水が削る形状をそのままデザインにしていくという方法だ。

オーキッドも最初に川の流れに沿った渓西館が完成し、その後、山の気を海に流し込むような形で、左峯館と右峯館を完成させた。その左右の屹立する建物の中央にはセンターコートを配して、山の気がそのまま海に流れ込む様子を視覚的に表現している。湖南館は、そうした流れる気を受け止める受容体のように、池のほとりに佇んでいる。

これは地球の裏側の海のその海岸に寄り添って立つテゲルの館（ベルリンにあるムーア設計のもう１つの水辺の作品）とも共感するものと思う。

そう考えると、この４つの建物以外の北側の３つの建物が最終的に建設されなかったという三井不動産の撤退も、この土地の形状や性格からして必然のものだったような気がしてならない。

なぜなら、その３つの建物はどれも東西に展開する構造で、南北に走る山から海に至る気や風を完全に縦断してさえぎる形状になっているからだ。

もしこれらが建築されていたら、多分、冬の六甲おろしなど強い北風をまともに受けることになり、そこで流動性の慣性が失われていた

水のメタファーであるオーキッドをイメージして建設された、著者の沖縄別荘のプールからの眺め。縄文期には岬（魚崎）だったオーキッドからの眺めは、大阪平野がほとんど海のこのような眺めだったと思う。

のは間違いない。建物が少しでも矢のような形、矢印のように北に向かっていたなら少しは流動性も確保できたと思うが、直線的に東西に敷地を横切るこの形状は、今にして思えば自然の流れに反している。

この必然の撤退で今、住民は一戸当たり平均すると５０坪程度の土地敷地権を持ち、これからのオーキッドの将来像を考える上で、大きな選択の自由を持つことになった。

三井不動産からこれら北側の３棟の建設計画がなくなったことを聞いたムーアはどう思っただろうかと考えた時、ムーアが１９９３年に亡くなっていることに気が付く。つまり、ムーア自身はこの三井不動産の撤退の話を知らないまま亡くなっているのだ！

もし聞いていたら、ひょっとしたら豪華な庭園を思い浮かべ、山の気をさえぎらないオーキッドの敷地を想像して安堵したのではないか？ そこまでの想像をしてしまうほど自然な流れで、開発計画は途中で変更された。

そうして、変更された後の6千坪以上の土地の庭園は新しい顔を持つことになり、庭園がオーキッドの主役に躍り出た。そこで、結局やはり最後に庭園を仕上げるデザインを考えたのは、ムーアのパートナーだったプットマンだった。

ベルサイユのような庭園を広げ、西側の空いたスペースに大きな広場のような芝生のフィールドと、東のスペースには桜の山を配し、全く違う表現の庭をまたここでも結節させて違和感を起こさせず、同時に「変化」と「安定」を感じるこの庭園は、やはりプットニアだと思う。

水と植物は常に一体だ。ムーアは論文でも「植物に運ばれる水の経路」という表現で、植物が水の流れの循環の道を決めると定義している。例えば、モロッコのマラケシュはほとんど灌漑設備がない中でも、豊富なオレンジの木やヤシの木などが高木に育ち、よく知られるようにフランスフレグランスの原料となるローズエッセンスも都市部近郊の広い範囲で栽培されている。

水の滑らかな性質は、何世紀にもわたって彫刻家にインスピレーションを与えてきた。ローマの噴水は、おそらく水に反応して作られた彫刻された表面の最も豊富なカタログだ。ジャン・ロレンツォ・ベルニーニは、ナヴォーナ広場の四大河の噴水で、滑らかな大理石から人間と馬の筋肉を彫り、多孔質のトラバーチンから岩や植物を作った。ベルニーニは、トラバーチンの水が流れる場所と流れない場所を滑らかに磨き込んで、この形状を作った。流れの中では彼は逆に石を荒くギザギザのままにした。岩と水と小さな生き物のミニチュアの世界が巨大な衝突によって中断された静けさを持っているスペインの海岸のカルペなど、海岸沿いの潮だまりの水によって形成された自然の形と同じように波を起こさせる作戦だ。

水を使った彫刻の中には、このベルニーニが使った自然の情景という手法とは逆のものもある。ポルトガルのブラガにある巡礼階段にはキリスト教の表現があり、水は血と癒しを象徴し、この長い階段のさまざまな踊り場から流れ出て、目、鼻、口、その他の人間の顔の開口部から流れ出る水・液体を表現している。

水は、また私たちの心の中の感覚「常識」なるものも形作っている。例えば、盆地に流れ込んだ水は水平にたまり、その表面に達するまで台地は意味をなさないし、山の斜面ではいつも流れとしての「水」があるかもしくは乾燥するかで、いつも「動く」情景が想像できて、斜めの面は安定しないという感覚に行き着く。

また、ヴェルサイユ宮殿では穏やかに、パリのリュクサンブール公園のメディチ家の噴水ではより鋭く、水が傾いているように見える風景を見ると、安定と不安定のバランスを自然と感覚的につかみ取るＤＮＡが水によって人の中に形成されている。

その中で日本庭園、特に散歩を提供できるような水辺の庭園では、この「安定」と「不安定」な水の動きをそのどちらも完全に「安定した」小さな世界に感じることができる。例えば、東京の浜離宮、ムーアもプットマンも訪れているこの場所では、水門の向こうでは隅田川の太い流れが今にも水門を経て流れ込もうとして流動的な動きを見せるが、庭園内の池やその上にかかる橋に行くとそこには安定した動かない水が少しの流れでつながれているのを確認できる。

日本庭園はいつも、このように水の２つの側面を「安定」の中に両方とも表現しようとする。京都大徳寺の石庭にムーアが行っている記録も残っているが、ここ大徳寺瑞峯院（ずいほういん）は、室町時代の九州豊前豊後の領主でキリシタン大名としても有名な大友宗麟の菩提寺として創建された寺で、その箱庭は枯山水として有名だ。

この砂利で水を表した庭園でも、ムーア的な水の「二面性」や「連続性」が表現されている。大海を表す大きな海に、小さな離れの箱庭の池や小川から連続して水の波が続いているし、同じヤマギリの形状で水を表していても、大海や池の並行で直線的なヤマギリはのっぺりとした水面を想像させ、小島としてしつらえられた飛び石や緑の小山の周辺では、そのヤマギリがくねくねと曲がって荒々しい水の動きを想像させる。

どちらも同じヤマギリで同じ「水」の性格を持っているのに、見え方がこれほど違うのは、まさにムーアの言う「同質的でありながら一方で二面性のある水の性質」というものをしっかり表現していると思う。

先に見たナボーナ広場やプラガ、デンマークやベルサイユ、メディチの噴水など、世界の水の表現と日本庭園の水の表現の違いはここにある。つまり、水に二面性のどちらかの役割のみを表現させるのではなく、常に二面性があるということを同じ場所、空間で同じ素材の表情の中に表現しているという点だ。

実はこの日本的な水の表現をムーアは特に得意とし、オーキッドのデザインでも意識していたのではないかと思う。それは、ムーアの光の表現と同じ。光もその性格で「二面性」を持っているし、また、世界を直線的に「統合する」つまり「連続する」という性格を持つ。これは全く水と同じ性格だと言っていいと思う。

「水」と「光」、この世界のどこにでもある物質の二元性と連続性はムーアもプットマンも夢中になったデザインの概念の真ん中にあったと思う。ムーアが宇宙の二元性の力に夢中になったのは、全く驚くべきことではない。ＡＩＡゴールドメダル受賞のきっかけになった論文でも、水の二面性について詳細に議論しているし、光の扱いについてはムーアの建設遺産のどれを見ても「明るい」外の流動的な形状と「暗い」内面の内装や構造が複雑な形状が同居していることで、光の二面性を意識していたのがわかる。

オーキッドの各部屋の形状も、穏やかな居心地のいい室内の光と庭園に降り注ぐ攻撃的な光が両方楽しめるように構想されているのがわかる。これは、きわめて現代的だと思う。これが、先の伝記作家がムーアのことを外面は石や岩のような球形のものでも中を開けたらクリスタルの先鋭なキラキラしたクラスターのあるアメジスト原石のようだと表現したことだと思う。

物質のこうした二面性というのは突き詰めると、彼自身の人生において、彼自身の知性と創造性への自信と、同時に彼の脆弱性との間の二分法が、彼の仕事と人間関係を形作ったと言えることにも気付く。ムーアは自然に対峙する姿勢では非常に力強く、一方で人間的には寛容で丸い一面もあったという。このムーア自身の二面性が、プットマンとの合作共同作業をうまく進められた原因だったと思う。気配りのムーアは、庭園のデザイン設計においてもプットマンに相当程度寄り添ったと思う。

オーキッドには詳細な庭園構造図がある。庭の配置や通常の外溝構造図に加えて、植栽の植物の種類やその背丈、植える本数までも図面と木の種類大きさを示した構造図で、住人なら誰でも見ることができる。植物の標記は英語とフランス語で、これを見たかつての住人の方が庭園の植物すべてに名札を（自己資金で！）寄付してくださった話は有名だ。そのおかげで、庭園構造図では外国語のために、わからない植物の種類もそれぞれの場所においては日本語で確認でき、小学生の子供たちにはありがたい学習の場所にもなっている。

この植物の標記が英語だけでなくフランス語のものもあり、ここからも私はプットマンがこうした設計に大いに口出しした形跡を見ることができると思う。まして、最終の計画変更後の庭園構造図は三井不動産の撤退で追加的に作成されていて、その設計はムーアの死後であることは間違いないので、プットマン以外にここに口出しできる人間はいなかったと思う。

オーキッドコート開発発表会のパーティー。左からアンドレ・プットマン、チャール・ムーア、ムーアの妻、三井建設担当者（後の取締役）。背後には様々なオーキッド（蘭）の花が見える。

日本の建築家なら「庭園構造図」と聞いてすぐに「ゴルフ場」の構造図を思い浮かべるが、そのゴルフ場の庭園構造図よりオーキッドのものははるかに詳細なものだ。この構造図を見て、友人の設計士は「これはもう公共工事、文化財並みの設計図だ」と言っていた。私有地で分譲された集合住宅の構造図とは、とても思えないそうだ。

プットマンの庭に対する考え方は「3．プットマンの仕掛け」で述べたように、いろいろな庭園の形式が複合的な調和を作っている。では、ムーアの庭園に対する関心はどの程度のものだったのだろうか？ムーアは、水の造形という庭園と、もう1つ、世界は水でつながっているという「概念的なデザイン」を表現しようとしたと思う。

ムーアの記録されたインタビューの中で、彼は庭園に関して次のように述べている。

構造物、土地、水、および植生は、デザインによるコントロールの影響を受けやすい視覚環境の要素です。建物の構造は建築家の専門分野です。また一方では、植生はランドスケープ・アーキテクトによって集中的に研究されランドスケープ開発設計の専門分野と考えられています。

しかし、水の移動速度が速くなるほど視覚的な重要性が増し、水は建築と植栽の両方のプログッションション（反映）という概念に基づく設計は今までほとんど無視され、行われていません。私たちの視覚環境を制御下に戻す、つまり水や植栽を含めて全体の景観の中にある建物を設計し視覚環境を全部設計するチャンスがあるのは、まさにこの庭園（つまり植栽と水）と建物の相互作用による環境です。

しかし、これまでのところ、私たちが設計できる土地のランドスケープで最も高貴な方法は、土地を放っておくことでした（つまり自然のままの環境を建物に調和させることでした）。しかし、新たにブルドーザーなど強力な土木工事技術で、現在では土地の形を変えることができます。よって、建築家であり教授、ランドスケープ・アーティストである私は、そうした土木工事でますます混沌とした風景の中で、慎重に設計された私の署名付きの建物が、庭園や植栽そして水の視覚的環境の中でばらばらになっていくようなことにはならないよう十分に注意する必要を感じています。

学者として、私は過去からの教訓を利用して現在のこの視覚環境という問題に光を当て、現在目に見えるものを制御し、より進化した視覚環境を創造するためのヒントを見つけることが必要で、その研究や実践の中で建築建物と庭園、つまり植栽と水の視覚的環境の中での融合はとても重要なポイントです。

建造物と庭園との調和。オーキッドほどこのムーアニアな調和を感じる開発サイトはない。先のドイツのテゲル湾でも、ムーアの代表作イタリア広場やロサンゼルスの市役所の建物でも、ここまで贅沢な庭園をもってあたかもその庭園にマッチする庭石を並べたかのような贅沢な建物のつくりをした場所はない。

ムーアは機械土木装置のなかった時代には、庭園は私たちにとって最も重要な視覚的な問題だという。例えば、機械で作った中央公園の歩行者用道路と車両用道路を分離するための土の移動と、自然の庭園を形成するチボリのヴィラ・デステの丘の再形成は、どちらも研究に値するという。

しかし、特に重要なのは、中米の偉大な「地球市民」で、寺院の土台として機能したマヤとトルテック族の台地土台を機械のない時代に作り上げたことは、どちらも称賛に価するという。最近では、フランク・ロイドライトの設計で同じような構図の設計がなされた形で称賛された。

これらの自然的な構成は、大規模な石積み構造の建物ではなく大量の土の移動によって達成されたため、膨大な量の土、さらには（カリフォルニアでは）山全体を移動できる私たち自身の状況も建築家として考慮すべき手法になってきたと考えている。

現在はブルドーザーなどの機械を使うことで比較的経済的にこうし

た地面の造形を作り出せるが、大昔の石積みの壁で同じ種類の形状の環境を作ろうとすると、まだ部分的に手作業の仕事がある。つまり機械ですべての作業を完結できないため法外に費用がかかるということも、ムーアは論文の中で議論している。

ムーアは、こうした風景や庭園に対する興味をずっと持ち続けていたという。そして、「二面性」と「連続性」が水や光の本質なら、こうした「土」を削る作業の本質は「変化」だったという。

時間が経つに従って自然と「変化」するという性質は、ムーアを庭園や風景に惹きつけた重要な要素だった。ムーアは風景の中で静的なものは何もなく、葉の変化、浸食、水の流れ、光の変化によって常にすべてが変化し、その時に一瞬の情景で表現されるという考えを持っていた。そしてその「変化」の表現で最も重要なものは「自然な形」だったと記述している。

ムーアは、論文に次のように書いている。

私たちは、彼らに「風景とパートナーシップを結び、そこにあるものと調和する新しいものを作る」ことを望んでいました。風景の灰色と茶色の岩と金色の草に溶け込みます。太い柱は、木と溶け合うように錆びたボルトと鉄板で外の屋根に接続され、板は筋状の金属釘で構造物に取り付けられます。こうしておくと、縦の木目は自然な流れを表現したように錆びさせることができます。

景観自体の形態学と結び付いた建築美（昆虫のような滑らかな外骨格を持つ建物）は、その開発の起源をこのムーアの「変化する自然」という概念からスタートさせている。その結果、土地、景観、および建物が、環境に配慮した全体に溶け込んだデザインになったと考えられる。それは、創造的な熱意と探究心、そして「何か新しいものを作る」喜びに満ちた大冒険だ。

ムーアは、スタイルを超えた何か、場所の特殊性と建築をどのように結び付けて強化できるか、その「つながり」に内在するものを探していたと思う。これを、ムーアやその周辺の研究者は「環境デザイン」と呼んでいたように思う。

彼らがデザインするにつれて、施主のニーズ、感情、空想に関する潜在意識の感情を出現させた上で、設計デザインに構築された図面で表現し、それを「自然な形で」構造に抽出するということを心掛けた。だからオーキッドの庭園でも、日が経つにつれ、建造物はその環境デザインの変化の１つとして機能して、全体にいつも新しい景観・庭園の楽しみを提供する。

ムーアは、実際にランドスケープ・アーキテクトになりたがっていたという記録もある。庭を大切にしていたのは、建築に課せられた技術的要求よりも庭園のほうがデザイン構成の制限が少なかったからだとも言われる。ムーアは、デザインの創造的に強い確信と自由な感性で土地のメタファーを感じながら構成することが、ランドスケープ・アーキテクトの作業時間の多くを占めていると感じていたとも言われる。

彼はまた、庭園は建物のように有限で永遠に固定されているわけではないという事実を高く評価していた。庭園は変化を受け入れる。なぜなら、変化は自然のあり方の核心だからだ。ムーアはプットマン同様、生き方として変化を求めた。これは一種の必然であり、創造的なプロセスは、それを妨げるのではなく、受け入れる必要があったからだ。

変化を押しとどめようとする技術は、いつも自然の時間の流れに押しつぶされてなくなってしまうと考えていたようだ。柔道のように変化を利用し、自然の変遷を逆に自分のデザインの一部として取り入れる発想、それをこの縄文時代から「海の民」と「山の民」の結節点であったオーキッドで存分にムーアは表現した。

プットマンはムーアの死後も庭園の造形に、この「変化こそ生命」というムーアの設計思想を受け継いで、プットニアな対照の美を表現したと思う。

最初、プットマンの仕掛けはムーアの気配り（例えば、蘭倶楽部入口の水槽のようなドアに泡の壁を使って空間の切り分けをするような設計の難しい装置をあえて設置したりして）によってオーキッドが作られたが、広く残された庭園は逆にプットマンの気配りでムーア的な庭園デザインをオーキッドで完成させたと言える。

２人の同年代の天才が寄り添って、双方の文化デザインの交差点を作り上げたのが、このオーキッドコートだと思う。

建設中のオーキッド・センターコート。まだマナーハウス（ムーアの死後、設計変更された建物）は出来ていない。

６．デスティネーション
レジデンスホテル「オーキッド」

総務省の統計では、２０２０年の日本の総人口１億２６２２万人は、２０５０年に９７００万人（つまり全人口は約３割減少）になるという。

２０２０年では６５歳以上は３６１２万人だったものが３８００万人に増加する一方で、１５歳から６５歳が７３４１万人が５０００万人に減少し、１４歳以下は１４５７万人がたった９００万人（！）に減る。

結果、６５歳以上の人口比率は２８．８％から３９．１％に増加する。２０００年にはこの割合は、たった１７．３％だった！ バブル時代の１９８５年には１０．３％　オーキッド竣工時に近い１９９０年でも１１．５％しかシニア層はいなかったが、それが人数でもおよそ３倍、割合では４倍に増加する。

シニア世代が１０％しかいない時代に、このオーキッドはデザインされた。今後、完成後６０年の建物の時代には、全人口の４０％の人がこのシニア世代になる。

人口は３割以上減少しても、健康寿命の延びや就労年代の長期化を踏まえれば、このシニア世代のマーケットは今後もますます成長する。しかも、未曽有のスピードで人口に占める割合だけでなく絶対数も増加する。つまり健康寿命を支えるためのシニアマーケットは、これからの巨大な成長産業だということが言える。

今後３０年で、戦後の混乱期、白物家電を中心に成長したあの時代の人口に戻っていくが、当時にはたった５％しか占めていなかったシニア世代が、次の３０年ではなんと８倍の４０％にまで大成長する。オーキッドの不動産としての価値を決めるのは、この人口の４割を占める裕福なシニア世代だと言い切ってもいいと思う。

オーキッドの花言葉は、「優雅」「日々平安」「美しい淑女」の３つ。「ブティックホテル」オーキッドコートに住まう人には、納得のいく花言葉だと思う。しかし、オーキッドの住人でなぜ、ここが「オーキッドコート」と名付けられたのか知る人は少ない。

私の聞いた話では、まずチャールズ・ムーアが三田綱町の三井倶楽部で三井不動産ら幹部と食事をした時に遡る。この三井倶楽部は江戸英雄の旗振りで三井グループの迎賓館として活用されていたが、建築家ムーアにとっても興味深い建築だったようで、ジョサイア・コンドルの設計になる日本で初期の頃の西洋建築はムーアの心を動かし、機会があれば何度も訪れたという。

ムーアが生まれるずっと前に完成していたこの建築をつぶさに見る中で、多分日本庭園と西洋庭園がシームレスに一体になった庭園を何度も散策したに違いない。その中で、本館メインルームから見た西洋庭園の左側、車道の尽きるあたりの石段の横に小さな温室を発見し、そこで栽培されていた蘭が「オーキッド」の名前の由来になったということらしい。

このオーキッドは洋蘭を中心に珍しい南洋の蘭を栽培し、必要に応じてパーティールームや会議室に運ばれて来客を楽しませたそうだが、その種類の豊富さに感動したムーアが、食事の席でこの魚崎・住吉村の大規模開発の名前を話し合っていた時に「オーキッド」という名前を提案したというのが、私が聞いた話である。

フランスのデザイナーであるプットマンを採用することでも「オーキッド」なる名前はアールヌーボーの印象を強くし、親和性があったのではないかという話もある。また、オーキッドの中には、ジュエルオーキッドという葉の非常に美しい種もある。葉脈がはっきりしていてとても美しく、さらに光るような艶が特徴的なジュエルオーキッドは、まるでビロードのようだと言われる。その美しい姿から、「優雅」という花言葉が付けられた花でもある。

花としての「オーキッド」と葉の美しい「オーキッド」が合わさって、この名前のイメージになったように、花のプットマンというデザイナーと、輝く葉のムーアという設計士が合わさって「オーキッド」という名前に決まっていったと思う。

最初にムーアが三井不動産との会話で「オーキッド」という名称を提案したとしても、多分プットマンにそのことは確認したはずで、彼女がこれに合意して初めてこの名前に決まっていったと思う。

オーキッドという名前がこうして決められる過程でも、将来のシニア層の増加は考慮された。なぜなら、オーキッドのほとんどの場所で竣工時からバリアフリー・ＳＤＧｓの設計がなされているからだ。このことは、先に述べたＵＩＧ（アーバン・イノベーション・グループ）の研究の成果がオーキッドの設計思想にも反映された証だと思うし、３０年後の日本社会、地域社会の中でオーキッドの果たす役割に一定の学術的なバックボーンのある研究成果を実際の設計に落とし込むというムーアの役割が十分機能したと考えられる。

そこで、さらにこれからの３０年、５０年を考えた時、２０６０年頃までは人口減少、高齢化のトレンドは避けられないという学術調査の結果を踏まえれば、バリアフリーにとどまらずシニアとそれ以外の年代世代の共生が研究されるべきだろう。

ここで、琉球文化研究所が発表している健康長寿の島「ブルーゾーン」沖縄の社会的インフラ研究の成果を簡単に検証しておこう。沖縄社会がなぜ世界的な健康長寿のブルーゾーンエリアになったのか知ることは、これからのオーキッドのあり方を考える１つのヒントになるからだ。健康長寿の原因・因子は次の通りだ。

① 世代間の会話・コミュニケーション（おじいおばあと若い世代が話す機会）があること。
② 時間に縛られないストレスのない生活
③ 節度ある食生活で体重を維持すること（肥満を避ける）
④ 農作業など自然に触れる機会のあること（上記3.にも関係する）
⑤ 生活の中にＤＩＹ（自分でやること）が浸透している
⑥ １日１回の排泄を必ずし、代謝として１日１回の発汗を経験すること（温泉習慣など）
⑦ できる限り投薬や医療行為は避け、自然な自己治癒力を活用する
⑧ １日のうち１０分程度は太陽光を浴びる機会のあること
⑨ 毎日の目標を定めて、趣味やスポーツなどで目的意識を持って生活する
⑩ 村や社会の中で必要とされる役割（文化・芸能の伝承の一部など）を担うこと
⑪ 地域社会で一定の役割を担うこと

こうしたことが健康長寿の原因・因子であるとわかってきている。

沖縄がなぜ「ブルーゾーン」健康長寿の島なのかという上記のような因子を考慮したならば、今後の健康長寿のオーキッドをイメージできるのではないか。

オーキッドが沖縄の村のような役割をすべきだとは言わないが、それに近いシニア層のウェルネスを意識した設備の更新などが考えられるように思う。沖縄とオーキッドの神戸を日常的に家族で行き来する中で、地域社会の違いを感じることは多い。

南の島ではいまだに昭和的な大家族・村の雰囲気があって、住んでいる村ではほとんどの住人はなんとなく顔を知っているし、世代間の自然な節度あるコミュニケーションもある。子供たちを連れて散歩や買い物をしていれば、通りかかりのシニアの方が小さな子供に声をかけてくるのは沖縄では日常茶飯事だ。また、子供が道路を勝手に渡ろうとしていたりスーパーの商品を無駄につついて遊んでいたりしたら、近くに居合わせただけのおじいやおばあが必ずと言っていいくらい「そういうことしてはだめだ」と言って注意してくれる。そして、それをとがめる若いお父さんやお母さんもいない。

オーキッドでも古くからの住人のシニアの方で、ポケットにいつもお菓子を忍ばせているという方のお話を聞いたことがある。かつては子育てに忙しかった現役世代も、子供たちが独立すると、やはり身近な「小さな天使」には甘い顔をしてしまう。ついつい子供に何かあげたくなるから、その準備でいつも持ち歩いているとおっしゃるが、これはすこぶる沖縄の地域社会で子供を見守ろうという気持ちと似ていると思う。世代は巡りオーキッドは変わらず建ち続けている。

今後、集合住宅に住む意味合いは、すべての年代の住人の健康長寿にどれだけ貢献できるか、つまりどれだけウェルネスなシステムを持っているかどうかということに変化していくと思う。

例えば、庭園の中で、現在ハーブ園として使われ住人なら誰でも収穫していいと言われている場所の面積をもっと増やして、やってみたい方にはどんどん庭いじりをしていただくようにする。多くの方の合意があれば、草取りや一部の場所で収穫のできる野菜などを栽培してもいいと思う。沖縄では、庭の手入れや家庭用の畑の世話はシニア層の重要なお役目と認識されている。庭園管理にも、例えば自警団的に庭園ガーデナー制度を導入し、渓西館の端にあるガーデナールームを住人で自由に使って、時間があれば庭園業者のガーデニングをきちんとできているか自由に見回りする制度を作ってもいいと思う。

ガーデナーは希望者がなり、ガーデナー登録した方はガーデナーハウスで保管されている腕章をつけているときは、庭を少しいじったり土の質を管理するために小さなスコップで穴を空けてみたりできるようにすればいい。沖縄のようにＤＩＹを生活に取り入れろとは言わないが、ＤＩＹの真似ごとをいつでも好きな時に体験できるような贅沢な環境も必要だろう。庭園管理に責任を全く持つことなく、一定の範囲で小さな限られた場所などでは、天気のいい日に少し庭いじりの真似ごとをすることが自然にできるという究極の贅沢を、住人に提供してはどうかと思う。

他には、シニア向けの毎日の食事の提供、レストラン、天然温泉、スパ＆エステ、介護ケアサービス、緊急時の医療サービス、日常お助け家事サービス、セキュリティー見守りサービス（これとすでにあるパニックオープナーとのシステム連携）などが、高級レジデンスのウェルネス・マネージメントのあり方として考えることができるような気がする。

また、観光立国の先端を行く沖縄に注目し、地元の大学や琉球文化研究所と共同で観光、健康、ウェルネスなどの研究をしてきた研究者として考えた時にも、高級レジデンスの未来はこれからやってくると考えている。

世界は今、健康な人間的生活という未来に向かって、仕事、生活、健康、家族、そして衣食住すべての分野で大きく変化している。その変化の先に見えるものは、人間の生活がすべてにおいてストレスフリーなものに変化しつつあることだと思う。

生活のストレス、仕事のストレス、保存剤を食べているような食事のストレス、時間や空間の制約によるストレス、そうしたこれまでの古い技術の限界でどうしても我慢しなくてはならない時間的空間的そして健康面での制約やストレスが、コンピュータやデジタル技術、それにもっと言えば自然に回帰したウェルネスを生活環境すべてに取り入れて、ストレスフリーで最も人間的な原始的喜びを堪能できる時代へと進みつつある。

そして、その進化の目的は「住人の望む生活の提供」でしかない。シニア層の住人は介護サービスや介護食など、高齢化しても住み続けられるレジデンスを望んでいるし、働き盛りの家庭では客をもてなすゲストハウスやゲストルーム、それにホテル以上の充実したスタッフサービス（ルームサービスやルームクリーニング、マッサージやウェルネスジム、あるいはオフィスサービス）を望むだろうし、子育て世代では、生活環境のセキュリティ、子供を遊ばせる庭園、保育サービスやベビーシッター、それにできれば子供の学習の手伝いまで、やってもらえるようなサービスを望む。

どの世代にも共通するのは、自然環境を満喫できる庭園、老人も子供たちも満足できる食事の提供、マッサージやケアサービスのようなフィットネスや介護の専門家によるアドバイスと援助、そして、パーティーやゲストをもてなせるゲストルームやゲストハウス、そして、敷地内の温浴設備を楽しみストレスフリーな生活を楽しめる設備を欲しているということだ。

まとめると、自然環境を満喫できる庭園、暮らしの質を高める食事やレストラン、日常に安心感を与える介護やケア、利便性を向上させる保育・教育などのサービスやルームクリーニングサービス、生活を満喫することを支えるゲストルーム・ゲストハウスや温泉・スパである。

これらサービスはすでにオーキッドで提供されているものも多いので、それをもっと先進の技術で自由にパーソナルなサービスとして簡単に受けられるようにすることができれば、オーキッドはホテルでもなく単なるレジデンスでもない、その中間の静かでゆったりとしたどこにもない生活が確保され、次世代のデスティネーション・レジデンスになると思う。

デスティネーション・ホテルとは、旅行する目的がそのホテルに泊まることで観光の目的になるホテルという意味である。オーキッドも、そこに住むこと自体がライフスタイルになり目的になる、そんなデスティネーション・レジデンスに進化していくと思う。

筆者が操縦する飛行機から撮影した現在のオーキッド全景。敷地の半分以上が庭園として使われているのがわかる。

エピローグ
2XXX年のオーキッドな1日

2XXX年のある日。

朝の寝覚めは、窓からさす日光で、いつものように自然と起こされる。朝の7時には先週頼んでおいた、エルメのクロワッサンと兵庫県産のイチジクのミックスジュース、そしてロブスタービスク風味のソースのかかったチーズオムレツがドアの前に置かれることになっている。ホテルのような無粋なピンポンもなしで、蘭倶楽部の朝のスタッフがそっとドア前に置いてくれる。私はそういう邪魔されない静かなサービスがオーキッドのいいところだと思っている。

朝、起きて歯磨き洗顔の後は、デロンギのエスプレッソマシーンにスイッチを入れ、温まるまでの間に朝の音楽を選ぶ。今日は自然の波の音、先週までいた沖縄の別荘を想像しながら部屋の香りも「ジャルダン・スール・トワ」だ。都会の中の空中庭園の香りと名付けられたこの香水は、オーキッドの空調と連動したディフューザー専用のボトルにパフュームを入れて接続すれば、自然と柔らかく部屋中に拡散してくれる。昨日までのバニラのほのかな香りも、その中で調和の取れた香りの変化をしてくれるのも、この空調設備のおかげだ。

ネットで新聞記事を確認するついでに、オーキッド専用タブレットに目をやると、昨夜遅くに荷物が届いたとのメッセージを受け取っていた。すぐにその項目をタップすると、部屋に配達可能な時間が選択肢として表示される。何年か前までは電話でいちいち配達依頼をしなくてはならず、それを受けるスタッフも大変だったろうと思う。頼むほうのこちらも、早朝の早いこの時間に電話で依頼するのは気が引けたりして気を使ったものだが、タブレットがあれば、スタッフの配達可能時間が朝の１０時と午後３時そして夜８時などと、配達するスタッフの要員の厚い時間帯に提示されており、無理なく気を使わずに済む。

私は午前１０時の配送を依頼した。このタブレットでは、自動的に配送する時間を少しずつ各建物住棟ごとにずらしてあるそうで、今では少ないスタッフでもプロンプトな受け取りが十分可能というすぐれものだ。

荷物を運ぶという基本的なサービスにそれほどのコストや人材をかけなくて済んだ分、最近のスタッフの気配りサービスがより充実してきたように思う。だから、タブレットでは、配達の時間指定と、住戸ドア前に置くのかそれとも手渡しかも選べるようになっているが、最近は感染症などの影響もあってドア前という指定が多いそうだ。

顔認証システムや新しいセキュリティの導入で、以前にもまして知らない人が敷地内に入らなくなった分、このオーキッドではドア前に物を置いてもらってもどこかに行くということはない。安心はこの時代、大きな価値だというのをつくづく感じる。

新聞をざっと見た後は、昨日出来上がった原稿を最後にチェックする。この頃には自分で入れたエスプレッソもいい具合に出来てきて、７時過ぎに届いた朝食をドアを開けて自分の部屋に取り込み、楽しむことにした。

コーヒーや紅茶はどの住戸も自分の入れ方やスタイルがあるし、テイストにうるさいオーキッドの住人は大量に入れて煮詰まったような味のコーヒーなど飲まないので、紅茶やコーヒーはこの食事セットには付いていないが、作り立ての果物ジュースはいつもいろいろなものが付いていて、楽しみの１つになっている。

今朝は大好きなイチジクのジュースだったので、それを一気に飲み干し、後はエルメのパンとシェフの卵料理に朝から舌鼓を打った。コーヒーはフレンチローストの渋めのエスプレッソ。波の音をＢＧＭにＵＶカットフィルムを通して入る柔らかな朝日を感じながらの朝食は、完璧なスターターだった。

原稿のチェックをしている間に太陽が高くなり、１０時にもなると厳しさを増したので、最近設置したナノ電離層シールドで太陽光を調整した。スイッチ１つで、窓が曇ったりクリアになったりするやつだ。この頃は２０２０年に比べて太陽光がどんどん厳しくなっているし、１年の寒暖の差も激しくなる一方で、緩やかで温暖な気候を感じながら暮らせるこうした設備はもう必需品だと感じる。

原稿チェックに疲れたので、マッサージの予約をしようと思った。今日の予定は夕方の編集者とのミーティングのみなので、４時までは自由な時間だ。

オーキッドのスパは、その辺のホテルのスパより心地いい。大阪のリッツのスパも確かに世界的なブランドのエスパを入れ、オイルや技術の質はそれなりにあるが、あの狭い温浴設備はオーキッドの足元にも及ばない。何せ、広い庭園を眺めるスパで、バリのブルガリや沖縄のリッツカールトン同様の自然の風を感じる温浴施設だ。普通のお風呂のように見える男女別の１０人くらいが入れる設備がある施設は、マナーハウスという元からある庭園を望む２階建ての建物で、１階は温浴設備になっている。

エステは２階のゲストルームを使うが、ここは住人関係者なら誰でも宿泊することができるスィートルームで、ちょうどホテルのガバナールームで施術を受ける感覚だ。窓は庭園側に向いているだけなので、他の住居から見えないようになっており、緑深い庭園が手前の観葉植物の端から見える様子は、もうリゾートのスパとしか思えない。

天気のいい日には２階外のベランダで目隠しのキャンバスを張り出

して、外の風を感じながらエステを受けることもできる。近くにある滝の自然の音が心地よく、目をつぶるとバリ・ウブドのサロンにいるような錯覚を起こす。

温泉のみの使用なら、１回５００円しかかからない。エステマッサージでも、エスパ並みのクオリティだが１時間１万円から５万円（エステティシャンによって違っている）で済む。これは、やはりオーキッド専用端末で個人営業のエステティシャンが自分のオファー時間とオファー価格を提示していて、住人はそれらのエステティシャンを個別に雇う形になっているおかげだ。

部屋にマッサージを呼ぶのと同じように、登録されたエステティシャンから施術者を選んで予約する（もちろん、ルームクリーンサービスやシニア向けの介護サービス同様、このエステルームではなく、自分の専有居住区に呼んで施術してもらうことも可能だ）。この日の午後であれば、３人のエステティシャンが来訪可能ということで、初めての技術者だが、経歴や見かけから満足できそうな人を選んで予約した。

信用情報は管理会社でチェック済み、身元もチェック済みなので、安心して予約できる。あとは、そのスパの建物に予約時間の前、好きな時間に行ってまず１時間くらいは１階の温浴設備に入ってから受けることになる。１階は温泉設備で、自然の明かりを取り込むため、外からは完全に見えない坪庭がしつらえてあるが、２階は庭が前面に見える気持ちのいいスィートルームだ。

温浴設備に行くと、１階の入口で、知り合いのご婦人とも会うことが多い。毎日ここで温泉に入りに来るという方もいる。受付も何もなく、入口ドアに顔認証システムで自分の名前が自動的に出るので、ＯＫのボタンを押すと自動ドアが開く、入浴料は自動的に管理費に加算される。請求までスタッフが手を掛けることがないので、最近では蘭倶楽部のメニュー等も多くなってきたし、外のショップからオーキッドのシステムでアロマや石鹸なども購入できる。いちいちサインしていた時代が懐かしい。

眺めのいい温浴施設に入場すると、そこには顔見知りの住人１人しかいない。それもそのはず、オーキッドでは蘭倶楽部もバイオスフィアもこの温浴施設も、住人が共通して使う設備の混み具合はタブレットでいつでも見ることができるからだ。

これは顔認証システムに連動して、入場者と退場者をいつも記録しており、現在の設備使用中の人数が正確にタブレットに表示される。その混み具合のトレンドもＡＩで表示されているから、ライフスタイルに合わせて比較的空いている時間を選べる。

混んでいる時間を避けて使うのが、最近の住人同士のマナーになってきた。オーキッドの静かで充実した設備を、こうしてゆっくりと使えるのはありがたい。

顔見知りの住人同士は、世代が違っても気安い会話ができるのがありがたい。最近の気候がおかしいとか、ゴルフ談義の後、その年配の住人が思い出したように、昨日組合で出費したという植栽花の値段について話し始めた。「昨日、買った蘭だけど、あれ、安いよね、大き目のアレンジで１万円しない蘭なんてあるんだねー」と言う。どうして住人が組合の出費をすぐに知れるかって？ いつもクラウド化された会計システムで、請求書や領収書の類を含めて全部、組合員ならいつでもオンタイムでタブレットの専用端末から見ることができるからだ。

理事会の記録などもう紙で配るようなこともなく、皆さん楽しみながらチェックしている。自由に表示される文字を大きくして読むことができるし、シニア向けのインターフェイスで自動的に読み上げてくれるのも評判がいい。タブレットの使い方がわからないシニアの方たちのために、ボランティアの方から教えてもらえる交流会も出来て、これも健康長寿の秘訣なんて言われている。現時点の会計の様子も、みんなの日常会話に頻繁に出てくるようになった。

タブレットの操作にめんどくさいタッチパネルはあまり使わずＡＩを導入して、最近ではほとんど声で操作できるようになっている。シニアの方も決まり文句、例えば「荷物は１０時に持ってきて」とか、「介護ヘルパーを呼びたい」とか言えば、操作は終了だ。

会計や議事録がいつでも見れるし、読み上げ機能を使えば音声で聞けるので住人の意識も高まり、建物の今後を考える重要な案件についてのディスカッションも活発に進んでいる。

このようにスムーズでかつ実効性のあるコミュニケーションができるようになったのは、こうした会計や組合運営のネットクラウド化による透明化と、専門のホテル運営会社に「第三者管理者」としてプロフェッショナルな運営を任せてしまったことが大きな役割を果たしたと思う。

すっかり会話に夢中で、１時間の入浴時間はあっという間に過ぎた。体重も予定通り１kgほど汗で落として、２階の２つあるガバナースィートの１つに向かう。そこには予約したエステティシャンがすでにベッドやらアロマを配置して用意している。

彼女は大阪のホテルでも働いているが、時間があるとここオーキッドのエステルームに来て施術をしているという。タブレットに登録するだけでお客が取れるし、オーキッドのハイエンドなお客さんをサービスすることでいろいろと勉強になるという。そればかりでなく、ホテルや何かに出向くと取られる設備管理者のマージン（彼女は天引きと言っていたが）の割合がオーキッドでは極端に少なくて助かる、というような話もしていた。

他のホテルではホテルが設備を貸すので、エステティシャンがもらう施術費の６割以上が天引きされるそうだが、オーキッドではそもそも設備のオーナーが利用するスパなので、そんなことはない。たしか、他の外部サービスを使った場合と同じ５％を手数料として天引きするだけだ。同じ値段で施術しても、これなら他でやる２回分のお金がもらえるから、オーキッドのタブレットに登録するエステティシャンは多い。

エステティシャンだけでなく、一般の人が言う介護サービスのようなものも、外部の介護士が直接タブレットに登録してオーキッドの住人にサービスするので、手数料の割がよく、よくできる評判のいい介護士さんなどは、オーキッド１本でやっているという。

そういう専門職のリストはタブレット導入後どんどん増えて、今ではちょっとしたお手伝いさんから家庭教師、語学の先生まで、登録されている。どの専門職も、直接個人間の取引なので、簡単でしかも頼むオーキッド住人から見れば、評判の項目をチェックして他の住人の方の評価の高い専門の方を雇えるというメリットがあるし、応募する専門職の方は自分の技能やサービスがきちんと評価されるので、面白くてしかも実入りがいいという利点がある。

どのサービスもすべて　オーキッドの管理費と同時に引き落としだから、いちいちその場で支払う必要もないし、受け取るほうも毎月ちゃんと振り込まれるので心配はない。

このシステムのおかげで、近隣の多くのサービスがオーキッドでは特別な価格でいつでも受けることができるようになり、この辺りにオーキッド経済圏を作るようになってきた。専門職の方の中には、実入りが安定して良くなったので、自分が今度はオーキッドの住人になった方もいる。この設備の導入費用は、今日のエステティシャンへの支払い費用に５％程度を載せて使った人が払うこの少しのマージンによって余裕で捻出されたと聞く。今では組合の収入源の１つで、その余ったお金はクリスマス会のビンゴゲームの景品になるという。

評判通りの極楽エステを受けた後は、端末にタッチサインするだけで支払いは終了。ストレスなく、きれいな庭園を散策しながら部屋に向かう。

５０年以上も住んだこのオーキッドで、いよいよ新館の建設が議論されている。オーキッドの場合、永田町の議員会館のように建て替えるスペースがすでにあるので、いちいち他の住居に移動する必要もない。住人は今の住居に暮らしながらその北側に建設する建物の完成を待てばいいから、新しく建てるとしても生活は少しも変わらないという。現在の建物の北側に出来た住居に引っ越した後、南の古い建物は賃貸住居として貸し出すか、それとも今のまま占有住戸として使うかは、今回パートナーとなり「第三者管理者」を任せたハイエンドホテルの運営会社が市場動向を見ながら住人と相談して決定することになるそうだ。

何事も急がず、慌てず、ゆっくりと土地になじませながら建設するというのはやはり、オーキッド的余裕のある対応だと思う。

シニアの方にはこの古いほうの「オーキッドヘリテージ」で、この先もずっとお住まいになるという方もいらっしゃる。オーキッドの住人は土地の権利を手放さず、新しい建物部分の一部を分譲して建築資金を捻出した。建築場所はマナーハウスの北西横。ここが一番どの住棟からも離れており、クーリングタワーの近くで、スペースもあることから選ばれた。

「オーキッドヘリテージ」と呼ばれる現存の古い建物のうち一部は、今回新しい建物にも入るホテルやレストランが「ホテル・プットマン神戸別邸」として貸出希望のあったオーナーから借り上げ、それをホテルやサービスアパートメントの運用に回すという案もある。

ＪＲ住吉駅や阪急岡本駅とこのオーキッドは１５分おきにシャトル

リムジンが巡回しているので、このオーキッドへリテージに住む若い世代も多くなるかもしれないし、忙しい東京からの中長期の出張族にも期待が持てると「第三者管理者」となったホテル運用会社は言う。

オーキッドでは、忙しい住人の理事に代わって「第三者管理者」にホテル運営会社になってもらい、自社ホテル並みの自由度を与えることでデスティネーション・レジデンスホテルというコンセプトの新しい価値を創造しつつある。「オーキッドへリテージ」（古くからの建物）と「オーキッドタワー」（新しく計画する建物）とでは、いわゆる管理会社を分けて管理委託をするというのも、この「第三者管理者」の提案だ。

新しい「オーキッドタワー」の下層階所有者であるハイエンドスーパーやホテルなどからの地代とも併せて、既存の住人はこの「オーキッドへリテージ」も使わない場合には、こうした事業者から賃料収入を得ることになるそうだ。もちろん、このヘリテージの賃料を使わなくても、建て替えのコストはタワーの建物だけの分譲費用ですでに捻出できているから、シニアの方の中には逆に「タワー」を売って「へリテージ」にそのまま住まわれるという方もいる。その方は「タワー」を売ったお金で、世界１周のクルーズに出るとおっしゃっているそうだ。

やはり、介護や１日３回の食事サービスなど、これまであったシニアケアサービスをより充実させたことで、オーキッドに住みたいというシニア層の需要も増えて資産価値が上がり、こうした新築プロジェクトにも大手業者が何社も手を上げてくれて、オーナー負担がなくて新しい建物が建つのはありがたい。

それに、チャールズ・ムーアのＵＩＧチームは、このようなオーキッドタワーの建築を想定し、敷地の北側にいつでも公道としてタワーのホテルやショッピングセンターへのアクセス用車道として使用できる道路を作ってくれているのもありがたい。この道路の南側フェンスから先の庭園部分を含む従来からの建物部分には、一般の買い物客やホテル、レストランの利用者は入れない。オーキッド住人だけのセキュリティーエリアとしてこの滝を含む庭園は残されているので、タワーに引っ越しても多くの方はここで朝の散策を楽しまれるのではないかと思う。

これまで近所には外国からお客さんが来た時、シェラトンくらいしか泊まっていただく場所のなかった時代が懐かしい。今は、マナーハウスの２階にガバナースィートというゲストルームがあり、必要ならさっきのタブレットに登録されたフレンチシェフに来てもらってディナーパーティーも可能だ。

このゲストスィートはフランスのプットマン・デザインオフィスに内装はデザインしてもらって、オーキッドの最初のレガシーはちゃんと残っている。その上、全体を再開発して建て替える時も、このマナーハウスの建物だけは新しい建物の１階ともつながり、オーキッドの歴史を伝える、というか、この岡本・住吉の土地の歴史を伝える記念館や美術館になる予定だ。

ここに入居するホテルは、そういうレガシーの展示場として、また、プットマンのようなデザイナーの美術館として運用し、天然の泉を使ったスパを上階には配して、この住吉・岡本をデスティネーションとするレジデンスホテルにしようとしている。

スパや神戸ビーフだけではない。近所の「たか木」や「あめ婦」みたいな星付き日本料亭から届けてもらった懐石とワインを楽しむというパターンは、多くのハイエンドな生活を楽しむというデスティネーション・レジデンスホテルとして東京や世界の人々を引き付けるようになるだろう。

仕事は東京で、週末はオーキッドの関西でという住人は今でもたくさんおられるが、そういう方の割合が今後も増えるのではないかと思う。また、狭くて名ばかりのサービスケア付きマンションなど住めたものではないと言って、東京だけでなく日本中の生活を楽しむシニア層がこのオーキッドでライフタイムをエンジョイするためのデスティネーション・レジデンスホテルとして購入を検討してくださるようになったことも、オーキッドの評判を上げている。

なにせ、魚崎・住吉村はその昔から、富裕層を引き付け富豪の邸宅群を形成していたのだから、このようなデスティネーション・レジデンスホテルとなることは、この土地の運命として決められていたのではないかと思う。

そんなことを考えながら、部屋に戻る途中、トランクルームのあるウェストクリークへ向かおうとして、いつもの石橋を通る。そこにある石橋の縁石は、遠い昔、小学生の頃に悪さをして久原邸に入り込もうとしたところ、崖に落ちそうになってつかんだ手形くらいのくぼみのある、あの石のような気がしてしょうがない。

この石を見るたびに、祖父や祖母、父や母が生きていたあの魚崎時代、住吉川のほとんど何もなかった上流のうっそうとした風景を思い出して、胸が「きゅん」とする。故郷というものは、そういうものなのだろうか。

もう大学生になった子供たちにも建物の形は変わるが、現代の邸宅オーキッドに４代住み続け同じような故郷を感じてくれればいいがと思いながら、その石橋を渡った。

そういう自分も、若い頃はニューヨーク、パリ、ロンドン、ローザンヌなど、いろいろなところに住んだのだから、子供たちに行くなとは言えないなとも思う。

そうなると、ここ生まれ故郷の魚崎・住吉村で、パートナーの妻と静かにこうして年齢を重ね、老後を過ごすのも悪くないと思う。オー

子供の頃の思い出の残るウェストクリークの御影石。オーキッドには、いくつも邸宅群伝説の久原邸時代からあった石材がレガシーとして使われている。

キッドにいても、あのニューヨークの刺激、ロンドンの落ち着き、パリのスタイルある暮らし、ローザンヌの文化など、いろいろな世界中の生活を体験できるのだから、ここで世界のどこにもない日本人の細やかな介護やエステなどのサービス、温泉、近隣の世界一のクオリティの日本食懐石料理などを日常的に楽しみながら老いていくのも悪くない。

ニューヨークでもシンガポールでも、こんなにきめ細やかで日本人らしい繊細な料理や介護サービスを受けるのは難しいだろう。食事も、今ではタブレットで予約すれば３食ちゃんと届けてくれる、これは世界で一番の贅沢かもしれない。

そんな幸せな気持ちで、昨日タブレットを通じて頼んだシェフが自分の部屋で料理し、今日の編集者との会議もうまいワインを楽しみながらのテーブルとなることを想像しながら、部屋に向かうエレベーターのボタンを押した。

新しく建てるオーキッドタワーに住人専用のワインセラーがないことに文句を言うのはやめておこう。

＊記述の中には、現在ないサービスもあります。また、将来プランについても具体的なものではなく、未来のオーキッドコート、デスティネーション　レジデンスホテルをイメージしたもので、今後の住人間の議論に委ねられているものです。

To not dare is to have already lost.
We should seek out ambitious, Even unrealistic projects……
because things only happen when we dream.

Andree Putman

望まないものは手に入らない。
手に入れるのを諦めたら、それはもう失っているということ。
だから、私たちはいつも野心を持って探し続けないとだめ。
たとえそれが非現実的なプロジェクトだったとしても……。
なぜって？ 夢を見てそれを手に入れたいと思った人にだけ
奇跡は起こるんだから。

アンドレ・プットマン

ご挨拶

「オーキッドラバー」、私たちオーキッドコート・コミュニティ・クラブのメンバーはこの唯一無二のオーキッドコートに共に住まい、様々なライフイベントを過ごして参りました。日々の生活の豊かな時間を共有し、歴史あるオーキッドコートの建物・庭園を心から慈しみ、その伝統を継承することに心を寄せるオーキッド大好きの住人のことをそう呼んでいます。

女性中心のコミュニケーションの場(お茶会)としてスタートしたこのコミュニティは、緩やかな住民交流の場です。全ての住人が気軽に自由に参加でき、活動内容も定められたものはなく、チェス、囲碁、食事会やゴルフなどオーキッドコート竣工当時からの住人親睦の集まりとして、今に至るまで、その伝統を細く長く維持して参りました。

最近では、シニアケアマンションなどで親睦会があることが大きな価値であるかのように語る紹介パンフレットなどを目にすることがありますが、ともするとプロフェッショナルに運営された、クラブ活動のようにも映るような気が致します。十人十色の生活スタイルを持つ居住者全員に寄り添い、満足と生活の質の向上に貢献できるコミュニケーションの場を築くことは、簡単なものではないと感じます。

オーキッドコート・コミュニティ・クラブは、「君子の交わりは淡きこと水の如し」を常に念頭に置き、無理をしないことをメンバー全員の心遣いとして、さりげない気配り、親しみやすさや温かさを交わすことにより、住人が心から安らげる親睦の機会を作ることを心掛け、これまで何十年と配慮して参りました。

この「君子の交わりは淡きこと水の如し」というお茶会のあり方には、２つの意味があります。

１つは、気軽な礼節ある、言いたい放題の会であることを維持したいということ。

２つには、水のように皆様の生活の中に自然な形で寄り添っているようなコミュニティクラブをこれからも４０年、５０年と続けていきたいということです。

これは、本書で述べられたようなオーキッドコートのデザインの起源ともなる、自然な、どこにでも存在する水が果たした役割と同じ役割を、今後もこのお茶会で果たしていきたいという希望も込められています。

最近のテーマは“Diversity（多様化）”で、多様なバックグラウンドの住民たちが有機的に繋がり、住民コミュニティが進化していく過程にあります。今までの女性のみの参加から、男性、若者、シニアの方々など、オーキッドコートにお住まいの多くの住民の皆様に参加を願うにあたり、本書は、オーキッドの歴史・来歴、デザイン・意匠に関わった世界的な建築家・デザイナーの想いを理解できる素晴らしい内容となっていますので、オーキッドラバーの原点であり、未来への懸け橋となると思います。

最後に、著者の山下智之さんが、この貴重な図書をオーキッドコートに残してくださったことに、改めて感謝を申し上げたいと思います。

また資料の提供や編集など、いろいろと協力させて頂く機会を得ましたことを、重ねて感謝申し上げます。

２０２２年１２月４日

オーキッド・コミュニティ・クラブ（OCC）
旧　香蘭会
たまたま　現在お茶会の世話人
岡田、石田、木下、小菅、小原、宋、西岡
他　オーキッドコート住人　（５０音順）

著者紹介

山下 智之。パイロット。現在、青山飛行クラブ顧問、教官。20 年間使用されていなかった伊是名島場外離着陸場に、21 世紀に入って初めての離着陸を果たす。沖縄地方のほとんどの離島に飛行。空から歴史を感じるパイロットとして、沖縄琉球王国の物語にも精通。大学の琉球文化研究所研究員でもある。神戸市在住。

オーキッドの歴史や周辺環境については、こちらをご覧ください。
https://www.orchid-court.org
フライトブログはこちら
https://www.pilotweb.org
メール
privatepilotjapan@gmail.com
フライトクラブはこちら
http://flightclubjapan.jp

主な著書

・『プライベート・パイロット 国内で、自家用操縦ライセンスを、早く安く取る方法』2015 年 舵社
・『沖縄最大のタブー琉神「尚円」』2018 年 風詠社／学術研究出版
・『パイロットが考えた“空の産業革命”－ポスト田中角栄「新日本列島改造論」』2019 年 風詠社／学術研究出版
・『自家用操縦士スタディガイド 認定教科書 1. 工学』2020 年
・『自家用操縦士スタディガイド 認定教科書 2. 気象』2021 年
・『自家用操縦士スタディガイド 認定教科書 3. 通信』2021 年
いずれも大阪観光大学琉球アジア研究出版会　　　　　　　　等

神戸「オーキッドコート」

アンドレ・プットマンとチャールズ・ムーアのデスティネーション　レジデンスホテル

2023年2月1日　第1刷発行

著　者　山下智之
発行人　大杉　剛
発行所　株式会社 風詠社
〒553-0001　大阪市福島区海老江5-2-2
大拓ビル5-7階
TEL 06（6136）8657　https://fueisha.com/
発売元　株式会社 星雲社
（共同出版社・流通責任出版社）
〒112-0005　東京都文京区水道1-3-30
TEL 03（3868）3275
装幀　2DAY
印刷・製本　シナノ印刷株式会社

ISBN978-4-434-31403-2 C0095